# 하루 30분, PREP 프렙으로 완성하는 초등 글쓰기

# 하루 30분, PREP 프렙으로 완성하는 초등 글쓰기

이정균 강경순
정인순 오윤순
김유라 공저

글라이더

**이 책은 이런 고민이 있는**
**아이와 부모가 함께 보세요!**

- 글쓰기가 두려운 아이
- 글을 세 줄 이상 쓰지 못하는 아이
- 쓰기로 평가하는 시험에 자신이 없는 아이
- 아이가 쓴 글을 어디서부터 손대야 할지 모르겠는 부모
- 아이가 무슨 글을 썼는지 알기 어려운 부모
- 아이가 쓴 글을 보면 화부터 나는 부모

들어가면서

# 초등학년부터 평생 글쓰기는 프렙(PREP) 쓰기가 답이다!

초등학생의 글쓰기 실력은 심각한 수준입니다. 심각한 수준을 넘어 손쓰기 어려운 지경이라 백약이 무효라고도 합니다. 그 이유를 지나친 스마트폰 사용으로 돌립니다. 다른 이유로 독해력 저하를 들기도 하고, '글쓰기를 제대로 배울 기회가 없었다'라고 말하기도 합니다. 이유가 무엇이든 분명한 것은 초등학생도 글쓰기에 대해서는 짜증을 넘어 두려움의 수준에 이르렀다는 것입니다.

직장인은 어렵게 취직한 회사에서 계획서 작성 업무에 떨고, 죽을힘을 다해 쓴 보고서 때문에 상사에게 깨지는 일이 부지기수입니다. 대학 입학을 앞둔 학생과 학부모는 자기소개서 작성을 두려워 하는데, 자기소개서를 자기가 쓰지 못하는 경우가 흔하지요.

초등학생이나 중학생은 쓰기 과제 때문에 머리를 잡아 흔듭니다. 성적에 영향을 주는 수행평가 대부분은 모두 다 '쓰기'입니다. 평가 방법의 변화로 논술형 평가가 등장했고, 이에 발맞추어 글쓰기의 두려움은 극대화됐습니다. 쓰기를 피할 수 있는 곳은 이제 없습니다. 공부 잘하기로 소문난 서울대 학생도 그렇습니다. 서울대 신입생 글쓰기 능력 평가 결과, 1/4의 학생은 정규 글쓰기 과목을 수강하기 어려울 정도로 글쓰기 능력이 부족했다는 이야기도 들립니다. 반면에 미국의 하버드대학이나 세계 우수한 대학에서는 글쓰기가 필수 과목이라고 강조합니다. 왜 그들은  글쓰기를 강조하는 것일까요? 글쓰기로 진학의 어려움을 겪지 않는 우리는 의아할 따름입니다.

글쓰기에서 강조하는 것은 글쓰기의 기술이 아닙니다. 글을 쓰는 과정에서 길러지는 학생들의 생각하는 힘, 이른바 사고력입니다. 논리력과 의사소통 능력을 기르기 위해 학생들에게 글쓰기를 강조하는 것입니다. 글쓰기가 쉬운 사람은 드물지요. 내 생각이 고스란히 원고지에 드러나는 과정이기 때문입니다. '내 생각의 수준이 이 정도였단 말인가?' 하는 고백과 함께 자신의 민낯을 들여다보기 때문입니다. '내 머릿속에 무엇이 있기에 문자로 옮기기가 이토록 어렵단 말인가?' 그렇다고 포기할 수 없는 것이 쓰기입니다.

이 책은 이런 고민을 가진 초등학생과 학부모들이 글쓰기의 고통과 두려움을 떨치기를 바라는 마음에서 출발하였습니다. 그러나 글을 쓰면서 필자들 자신이 수십 차례 두려움에 떨었습니다. 더 좋은 정보를 찾기 위해 미국과 일본의 자료까지 뒤지고 확인하며 무수한 시간을 보냈습니다. 수많은 글쓰기 관련 책과 자료, 실제 지도 과정에서의 사례를 샅샅이 찾아봤습니다. 그럴수록 손에 잡히는 것은 하나! 우리가 다시 글쓰기를 배우고 있다는 충격이었습니다. 그 충격에서 벗어나고자 자세를 가다듬었습니다. 더 쉽고, 단순하고, 재미있는 글쓰기 방법을 찾고자 노력하였습니다. 아이들이 가진 글쓰기에 대한 흥미와 관심을 더 이상 떠나보내지 말아야 했습니다. 이 책에서 말하는 프렙(PREP) 쓰기는 그 결과물입니다.

프렙 쓰기로 세계 유명 대학 학생들의 글쓰기 실력을 부러워하지 않고 우리 아이들만의 자유로운 생각이 글로 드러나기를 기대합니다. 그 글이 상대의 마음에 바르게 전달되고 소통된다면 이 책은 목적을 다한 것입니다. 아직도 여러 가지로 부족하다는 질책은 언제나 환영하고 즐기려고 합니다. 글쓰기 관련 책에 이 책을 슬쩍 끼워 넣는 것이 세상에 어지러움을 더하는 일은 아닐까, 하는 생각도 합니다. 그러나 학교 현장의 실제 지도 경험을 바탕으로 했다는 작은 자부심을 갖고, 가정에서 아이들이 가족과 머리를 맞대고 손으로 한 글자 한 글자 자기 생각을 종이 위에 써가는 모습을 상상하면서, 그런 두려움을 떨치기로 했습니다. 부족하기만 한 이 책을 현장의 동료 선후배 교사와 자녀를 살피는 세상의 모든 부모에게 바칩니다.

지난 여름 코로나와 긴 장마가 없었다면, 이 책은 세상에 나오지 못했을 것입니다. 짧은 방학과 휴가를 멀리하고 이 책에만 집중했습니다. 도와줄 것은 차 한 잔 올리는 것 뿐이었다는 가족에게도 감사합니다. 아울러 어지럽기만 하던 글을 모아 귀한 보석으로 다듬어준 편집자와 불황을 감수하고 이 책의 탄생을 도와준 글라이더 출판사에게도 감사합니다.

2021년 3월

이정균, 강경순, 정인순, 오윤순, 김유라

## 차례

## 3장 How?: 프렙(PREP), 어떻게 써야 하나요?



## 4장 If?: 프렙(PREP) 쓰기를 활용하려면?

# 이 책의
# 세 가지 포인트!

### 1. 내 아이가 쉽게 글을 쓸 수 있다!

글을 쉽게 쓰는 것은 누구나 바라는 바입니다. 편지 한 장을 쓰기 위해 편지지를 수차례 구겨본 사람은 잘 압니다. 글을 처음 쓰는 사람이나 글을 쓰는 직업인이나 결론은 같습니다. 글쓰기는 어렵고 머리 아픈 일입니다. 글자를 깨치자마자 자신만의 생각을 쓰기 시작한 초등학생은 더욱 그렇습니다. 그런 자녀들을 둔 부모도 마찬가지입니다.

이 책에서 학생들에게 강조하는 글쓰기는 의사소통과 논리력 향상을 위한 것입니다. 남을 설득하기 위해서는 어떻게 써야 할까, 를 고민한 책입니다. 이 책에서 소개하는 방법으로 학습하고 나면, 두려움에서 벗어나 쉽게 글을 쓸 수 있습니다.

### 2. 내 아이가 글의 구조를 알고 쓰게 된다!

글의 구조를 알면 쉽게 쓸 수 있습니다. 글의 구조란 내가 쓰고자 하는 글의 형식입니다. 글쓰기가 어려운 이유 중 하나는 학생들에게 글의 구조를 가르쳐주지 않았기 때문입니다. 어떤 글이든 내용과 구조가 있습니다. 우리는 구조보다 내용에 치중해서 학생들을 가르쳤습니다. 글을 '쓰기'보다 '짓기'에 초점을 두었던 지난날의 글쓰기를 돌아보아야 합니다. 지금은 글짓기라고 하지 않고 글쓰기라고 합니다.

이 책은 감정을 담아내는 글쓰기(Impress)보다 자기 생각을 상대방에게 분명하게 전달하는 의사소통을 위한 글쓰기(Express)에 초점을 두고 있습니다. 글쓰기를 통해 다른 사람들과 의사소통하고, 생각을 분명하게 주장하고 바르게 전달하여 상대방을 설득하기 위한 글쓰기의 구조를 강조하고 있습니다.

### 3. 프렙 구조를 글쓰기의 플랫폼으로 쓸 수 있다!

일기, 독후감, 보고서, 자기소개서, 논술 등 학생들이 써야 하는 글의 종류는 많습니다. 모든 글의 내용과 형식을 하나하나 배우기는 어렵습니다. 이 책은 프렙(PREP) 구조를 플랫폼으로 하여 필요한 글쓰기를 할 수 있도록 구성하였습니다. 프렙 구조와 쓰기 방법을 알고 나서 자신이 쓰고자 하는 내용과 형식에 맞게 글을 쓸 수 있도록 사례와 방법을 안내하고 있습니다. 이 방법은 학생들이 글쓰기에 쉽게 접근하고 두려움에서 벗어나 자기 생각을 바르게 전달하는 데 매우 효과적입니다. 이를 위해 일기, 독후감, 편지, 독서 토론을 위한 프렙 쓰기를 분석하고 지도 사례는 물론, 학습 이후 학부모와 학생의 피드백도 제시하였습니다. 현장의 반응은 기대 이상이었습니다. 이제 그것을 모든 학생과 학부모들에게 소개하고자 합니다. 프렙을 플랫폼으로 하면 일기 쓰기, 독후감 쓰기, 편지 쓰기, 주장하는 글쓰기, 논술형 평가 등이 수월해집니다. 프렙 구조는 글쓰기 플랫폼입니다.

## 《하루 30분, 프렙으로 완성하는 초등 글쓰기》 사용 설명서

말처럼 쉽지 않은 것이 많습니다. 그중 하나가 글쓰기입니다. 글쓰기에는 생각도 필요하고 내용도 필요하고 형식도 필요합니다. 어디 그것뿐인가요? 남과 다른 생각이나 감성, 관점도 필요하고, 읽는 사람의 마음을 흔들만한 설득력도 있어야 합니다. 이 모두를 글에 담아야 합니다. 그렇다고 길이가 길면 읽으려 하지 않습니다. 내 글을 읽는 사람들은 바쁩니다. 읽기도 전에 결론이 뭐냐고 묻거나 결론이 보이지 않으면 바로 고개를 돌립니다. 현실이 그렇습니다.

글 때문에 모두가 고생입니다. 보고서, 기획서, 레포트, 기행문, 논술문 등이 모두 글입니다. 학교 다닐 때는 쓰기 숙제가 괴롭히고 직장에서는 보고서 때문에 수없이 깨집니다. 글쓰기만 없다면 행복하게 직장에 다닐 수 있을 것이라는 자조적인 소리가 들립니다. 상사와 긴 시간을 이야기하고 나면 '오늘 이 회의 내용을 보고서로 정리해서 보고하라!'고 과제를 던집니다. 또 글입니다. 보고서를 올렸지만 다시 퇴짜…. 답이 보이지 않습니다.

무엇을 써야 하고 어떻게 써야 할까요? 이 고민을 동시에 해결할 수 있다면 정말 '대박'입니다. 모두가 쓰기에 대한 지름길을 찾고 쌈박한 비법을 찾습니다. 시중에 나온 글쓰기 책의 제목들이 이를 반영하고 있습니다. 비법이 난무하고, 문제가 하루아침에 해결되고, 누구나 글쓰기가 가능하다고 외치지만, 쉽지 않는 것이 글쓰기입니다.

학교 현장에서는 이 문제로 지금도 힘겨운 씨름 중입니다. 한 가지 분명한 방향은 이제 '무엇을' 쓰는 것이 문제가 아니고, '어떻게' 쓰는가를 고민해야 합니다. 쓸 내용은 넘칩니다. 숙제, 보고서, 논술문, 독후감, 계획서 등…. 코로나19로 인하여 원격 수업과 비대면 수업이 많아질수록 쓰기의 중요성 또한 더욱 중요해졌습니다. 눈으로 보고 듣는 수업에서 그치지 않고 보고 듣고 확인하고 찾아낸 정보는 글로 재구성해야 하기 때문입니다. 구슬이 서 말이면 뭐합니까? 꿰어서 내 것으로 만들어야 하는데…. 그래서 쓰기가 '어떻게' 쓸 것인가라는 문제와 만나면 모두 힘겨워하고 두려워하며 좌절합니다.

프렙(PREP) 쓰기는 이 문제를 해결해줬습니다. 단순한 구조, 간결한 문장, 체계가 보이는 내용 구성 등으로 아이들은 글쓰기를 즐기게 되었습니다. 고작해야 세 줄이던 글이 공책 반 바닥을 넘어가고 공책 한 바닥을 채우고 모자라 두 바닥을 채우려고 할 때 아이들은 흥분하였습니다. 학생은 스스로 압니다. 내가 배우고 있는 것이 지금 나에게 어떤 변화를 주고 그런 변화가 나를 어떻게 즐겁고 기쁘게 하는지를 말입니다.

가르치는 입장에서도 고민이 해결되었습니다. '무엇을' 써야 할 것인가에서 벗어나 '어떻게' 쓸 것인가에 대한 구체적인 방법이 보였습니다. 교사가 신나고 학생이 즐겁고, '안 되던 우리 아이의 글쓰기'가 자리 잡아가고 '되는 글쓰기'가 되는 과정을 지켜보는 부모들의 마음이 가벼워졌습니다. 글쓰기 가르침의 즐거움을 프렙 쓰기에서 찾았다면 믿을까요?

이 책은 모두 네 개의 장으로 구성되었습니다.

글은 '왜-무엇을-어떻게-만약에'의 순서입니다. 프렙 쓰기를 가르치면서 학생과 동료 교사, 냉정하게 지켜보는 학부모들에게 가장 많이 받은 질문을 넷으로 나누어 보니 '왜-무엇을-어떻게-만약에'였습니다.

프렙 쓰기를 시작하면서부터 들었던 '왜 프렙으로 해야 하는데?'라는 질문. 상대방의 의문에서 시작한 '왜 그렇게 써야 하는

데?'라는 질문은 '프렙이 뭐냐?'로 이어졌습니다. 이렇게 저렇게 설명을 마치고 나자 '그럼 어떻게 쓰는데?'라는 질문이 이어서 쏟아졌습니다. 프렙 쓰기를 다양한 사례를 통해서 보여주었습니다. 수업도 보여주고 아이들의 공책도 보여주고 학부모들의 반응도 소개하였습니다. 효과를 믿지 못하는 눈치였습니다. 이렇게 단순한 구조로 간결하고 쉽게 쓴다는 것이 믿기지 않는다고 했습니다. 마지막으로 '만약에 다른 영역에 혹은 다른 글의 종류에도 적용이 가능한가?'를 물어왔습니다. 다양한 분야에서 프렙 쓰기가 가능하다는 사실을 확인했습니다.

1장에서는 프렙 쓰기를 하는 이유와 효과를 설명합니다. 쓰기가 죽기보다 싫다는 아이들에게 프렙 쓰기에 도전하는 것이 무모할 것이라는 예상과 달리 아이들은 상상 이상으로 재미있게 받아들였습니다. '무엇을', '어떻게' 쓸 것인가를 초등학생도 고민하고 있었습니다. 프렙 쓰기는 이 두 가지를 동시에 해결해줍니다. 이것이 확인되자 쉽고 간결하게 자신의 생각이 글에 담겨진다는 사실을 확신하게 되었습니다. 쉽고 간결하게 쓰라고 강요받았던 그들에게는 마른 하늘에 단비 같은 신선함이었습니다. 머리가 시원해지고 깔끔해지는 느낌을 실감한다고 했습니다. 학교 현장의 쓰기도 '글짓기'에서 '글쓰기'로 바뀌었습니다. 쓰기가 '무엇을' 쓸 것인가에서 '어떻게' 쓸 것인가로 변한 것입니다.

프렙은 글쓰기에 최적화된 모델이라는 것을 확인하게 된 것입니다. 주장-이유-사례-재주장(결론)의 순서로 이루어진 구조에 따라서 쉽고도 간결한 글을 쓰게 된 것입니다. 이는 학년에 따라 약간의 차이가 있었지만, 대체로 1년 정도 꾸준히 연습하면 남과 확연하게 구별되는 쓰기 실력의 변화를 보였습니다. 마지막으로 프렙 쓰기의 효과를 쓰기 전과 후로 나누어 설명합니다. 글쓰기의 두려움과 어려움에서 벗어나 효과적인 의사 전달이 가능하며, 주제를 못 찾던 글의 주제가 보이고, 논리와 체계가 보이며 자신만의 생각이 드러나는 효과가 나타났습니다. 이러한 효과는 학생들의 공책을 실제로 살펴 보면서 확인할 것입니다.

2장에서는 프렙의 유래와 필요성, 정의를 살펴봅니다. 단순한 프렙 구조가 나오게 된 배경을 설명하고, 그 전에 내 아이가 글쓰기를 어려워했던 이유를 설명합니다. 그리고 그 문제를 해결하기 위한 방법을 전합니다. 하루에 어느 정도의 시간을 투자해야 하는지, 부모가 가정에서 어떤 규칙을 만들어서 가르치면 좋을지를 알려줍니다. 성공에는 규칙이 따르는데, 쓰기도 마찬가지입니다. 가정에서 선순환 규칙을 만들어서 아이들을 지도하면 쓰기 실력의 변화를 실감하게 될 것입니다.

3장에서는 프렙 쓰기의 구체적인 방법을 소개합니다. 쓰기 전에 프렙 구조로 말하기 연습을 강조합니다. 쓰기 전에 말로 이 구조를 익히는 것이 필요해서 입니다. 이때 주장에 대한 이유와 사례 들기 연습도 합니다. 상대를 설득하기 위해서는 '왜'라는 질문에 답할 근거가 있어야 하며, 그 근거가 타당함을 사례를 들어 증명하면 됩니다.

말하기 연습을 마친 후에 프렙 쓰기로 이어가기를 권합니다. 글을 쓰기 전에 학생들에게 주어지는 문제는 크게 두 가지입니다. 문제를 해결하라는 과제와 문제를 발견하여 쓰라는 과제입니다. '문제 해결형'의 대표적인 과제가 답안지 쓰기입니다. 주어진 문제를 읽고 답안지에 작성하면 됩니다. 프렙 쓰기 초반에는 주제를 주고 쓰게 합니다. '음식을 골고루 먹어야 한다', '책을 읽어야 한다' 등이 대표적입니다. 음식을 골고루 먹어야 하는 이유와 사례를 들어서 자신의 생각을 주장하는 연습입니다. '문제 발견형'의 대표적인 쓰기가 독후감입니다. 책을 읽고 자신이 느낀 점을 주제로 잡아서 쓰는 과정입니다. 우리가 일반적으로 아는 방법이 아닌 프렙 구조로 독후감을 쓰려면 자신의 주장이 무엇이고 왜 그렇게 생각하는가를 읽은 책에서 근거로 제시하고 실제로 경험한 사례를 들어 자신의 주장을 드러내면 됩니다. 이런 내용을 실제 쓰기 과정을 통해서 설명할 것입니다.

마지막으로 가정에서 아이의 글을 어떻게 수정해주어야 할 것인가를 안내합니다. 이 과정은 매우 중요합니다. 아이들은 시험지의 결과를 확인하는 과정이라고도 말합니다.

4장에서는 프렙 쓰기 과정과 방법에 대한 가정에서의 실제 지도 방법을 안내합니다. 가장 많이 쓰는 일기, 독후감, 편지글, 독서토론에 필요한 글쓰기를 프렙 구조로 재구성하여 설명합니다. 학생들이 쓴 글에서 어느 부분을 어떻게 지도하면 자신의 주장과 생각을 상대에게 효과적으로 전달할 수 있는가에 쓰기 전과 후로 나누어서 살펴봅니다. 이 내용은 실제 학교에서 학생들을 지도한 경험을 바탕으로 정리했습니다. 이러한 사례들을 살펴본 다음, 가정에서 내 아이의 수준과 형편에 맞게 지도한다면, 프렙 쓰기의 효과는 극대화 될 것입니다.

글쓰기는 어렵습니다. 눈만 뜨면 모든 것을 다 보여주는 유튜브 세상에 무슨 쓰기란 말입니까? 쓰기의 기회가 줄어드는 것도 무시 못 할 사회적 변화입니다. 그러나 우리는 하루에도 수십 건 이상의 문자로 소통합니다. 이것도 쓰기지만 우리가 바라는 쓰기는 아닙니다. 내가 쓴 글을 읽은 상대가 내 뜻을 알아주고 이해하기를 기대합니다. 기회란 '할 수 없는 이유'보다 '할 수 있는 이유'가 많아지는 것을 말합니다. 프렙 쓰기는 남보다 더 잘 쓸 수 있는 기회를 우리에게 줍니다. 이제 이를 피할 이유는 없지 않을까요?

# 1장

# Why?

## 왜 프렙 쓰기 인가요?

# 1. 프렙(PREP) 쓰기를 해야 하는 이유

## 1) '무엇을'과 '어떻게'를 동시에 해결한다

글을 쓴다는 것은 누구에게나 어려운 일입니다. 글을 전문적으로 쓰는 작가도 같은 고민을 합니다. 직장인도 마찬가지입니다. 우리는 매일 말하고 글을 쓰면서 살아갑니다. 블로그나 카페 SNS 등에 글을 올리거나 댓글을 달고, 카톡이나 문자를 보내고, 고민도 이야기하고 듣기도 해야 합니다. 언어생활을 하지 않고 살 수 있는 방법은 없습니다. 사람의 생활이 바로 언어생활이기 때문입니다.

글은 '무엇'을 '어떻게' 쓰는가의 문제입니다. '무엇'은 쓰고자 하는 글의 주제와 내용입니다. '어떻게'는 글의 구조, 논리, 형식입니다. 이 두 가지를 조합해서 만들어내는 과정이 글쓰기입니다. 우리 속담에 '구슬이 서 말이라도 꿰어야 보배'라는 말이 있습니다. 이 말에 비추어보면 글쓰기는 내가 하고 싶은 말이나 주장을 좋은 형식에 담아내는 과정을 말합니다. 말은 쉽지만 막상 쓰려고 하면 이처럼 힘든 일도 없습니다. 어떤 내용을 쓸 것인지, 어떤 형식에 담아낼 것인지 등을 고민하고 결정해야 하기 때문입니다.

### 2) 쉽고 간결하게 쓸 수 있다

글쓰기에는 세 가지 원칙이 있습니다. 읽는 사람의 입장에서 쓰기, 읽기 쉽게 쓰기, 간결하게 쓰기입니다. 말이야 쉽지, 이게 얼마나 어려운지는 편지 한 장만 써봐도 알 수 있습니다. 내가 썼다고 하지만 대체 무슨 말인지 모르겠고, 쓴 글이 내 생각과 다르다고 말하고 나도 무슨 말인지 먹먹할 때가 있습니다. 그래서인지 글을 쓰는 시간이면 학년에 상관없이 모두 연필을 놓고 서로 눈치만 봅니다. 쓸거리가 없다, 몇 줄을 써야 하느냐, 언제까지 써야 하느냐 등의 쓰기와 관련없는 질문만 쏟아집니다. 분명한 것은 쓰기를 피하고 싶은 마음을 담은 질문뿐입니다.

### 3) 변화한 글쓰기 교육 방법으로 적합하다

그렇다면 학교 현장의 글쓰기는 어떤가요? 피하고 싶은 이야기입니다만 해야겠습니다. 글쓰기 교육의 입장에서 보면 학교는 '무엇을'에 초점을 두고 가르쳤습니다. 지금까지 글쓰기 교육에서 강조한 것은 '어떻게' 쓸 것인가보다는 '무엇을' 쓸 것인가였다는 말입니다. 즉, 형식보다는 내용에 우선하여, 글쓰기보다는 글짓기라는 단어를 사용했습니다. 그러나 이제 학교 현장에서 글짓기라는 말은 거의 사용하지 않습니다. 어느 순간부터 자연스럽게 글쓰기라는 말을 사용하고 있습니다. 글쓰기의 핵심이 '무엇'에서 '어떻게'로 자리바꿈을 하고 있다는 증거입니다. '어떻게'는 글의 구조와 논리를 강조하는 말입니다. 글쓰기의 최종 목표는 효과적인 의사 전달입니다. 좋은 글은 상대방에게 내 주장, 의견, 생각을 바르게 전달해줍니다. 그렇지 못한 글은 좋은 글이 아닙니다.

### 4) 모든 글쓰기에 최적화된 구조다

그럼 좋은 글의 형식은 어떠해야 할까요? 여기서는 '프렙(PREP)'이라는 구조를 소개합니다. 글쓰기의 목표가 효과적인 의사 전달이라면 이제 남은 과제는 효과적인 의사전달에 가장 적합한 형식을 찾아내는 일입니다. 써야 할 내용은 정해져 있습니다. 무엇을 써야 할지는 모두가 압니다. 많은 구슬을 어떻게 꿰어야 그 가치가 높아지는가에 대한 문제만 남았습니다. 효과적인 의사 전달을 하려면 어려서부터 일관성 있는 쓰기 원칙을 만들고 지켜야 합니다. 즉, 유치원생부터 직장인에 이르기까지 일관성 있는 쓰기 형식이 있다면 의사소통의 효과는 매우 높아집니다.

우리가 이야기하는 프렙은 이런 쓰기 형식에 가장 최적화된 구조입니다. 주장-이유-사례-재주장의 4단계로 구성된 형식이어서 쉽고 간결하다는 특징을 가집니다.

### 5) 미래 핵심 역량을 발휘하기 쉽다

우리는 늘 정보에 목말라 합니다. 남보다 빨리 하나라도 더 얻으려고 매일 인터넷에 매달리고 스마트폰에 매달려 삽니다. 스마트폰이 사람의 피부 같다는 세상에 삽니다. 하루라도 그것을 하지 못하면 불안하고 안절부절 답답합니다. 초등학생은 다양한 정보 습득을 위해 독서 활동에 매달립니다. 우리 나라에서 가장 많은 독서량과 독서 시간을 확보한 학생층이 초등학생입니다. 놀랍게도 초등학생 이후로 늘어야 하는 독서량과 시간은 점점 줄어듭니다. 초등학생을 둔 부모님가 가장 강조하는 것도 독서입니다. 초등학교 때가 아니면 책 읽을 시간이 없다고 말합니다. 입시라는 고비를 넘어야 하기 때문이지요.

우리는 책 읽기를 포함한 다양한 매체의 '읽기'를 통해서 정보를 습득합니다. 그러나 읽기를 통해서 내 몸으로 들어온 모든 정보가 넘칠 정도로 많아도 늘 갈증을 호소합니다. 넘치는 정보를 내 것으로 만들지 못해서 생긴 갈증입니다. 정보가 나의 지식이 되는 단계로 넘어가야 합니다. 미래 핵심 역량이란 바로 이런 정보들을 '쓰기'를 통해서 자기만의 지식으로 전환하는 능력을 말합니다. 이 능력이 없는 사람은 넘치는 정보의 늪에 빠져 허우적대고 맙니다.  구슬은 넘치는데 꿰어내는 능력이 없다면, 그 구슬은 구슬로만 존재하고 말기 때문입니다. 미래는 쓰기 능력이 최고의 핵심 능력입니다.

프렙 쓰기가 강조하는 것은 설득입니다. 내가 하고 싶은 이야기, 주장, 의견, 생각 등은 상대방을 설득하기 위한 말입니다. 상대방이 내 글을 읽고 설득되지 못한다면 실패한 글입니다. 상대방은 나를 기다려주지 않습니다. 상대방은 결론을 듣고자 합니다. 글을 쓰는 사람들은 '무엇'을 써야 할지와 '어떻게' 써야 할지를 고민합니다. 이 두 가지에 더하여 내가 전달하고자 하는 정보 배열이 적절한 균형을 이루어야만 상대를 설득할 수 있습니다. 프렙 쓰기는 이런 구조를 가지고 있습니다. 글을 쓴 사람만 아는 순서나 구조가 아니라 글을 읽는 상대방도 아는 구조라면 설득은 더욱 쉬워집니다. 상대방이 내 말을 듣거나 내 글을 읽을 때 자신이 원하는 정보가 어느 위치에서 나올 것인가를 쉽게 알 수 있는 구조가 바로 프렙 구조입니다. 프렙 구조는 상대방이 내가 쓴 글이나 말을 가장 쉽고 정확하게 이해할 수 있는 구조입니다.

## 2. 프렙 쓰기의 효과

프렙 쓰기를 가르치기 전과 후로 나누어 그 효과를 설명하고자 합니다. 그것이 효과적인가를 판단하는 기준은 예전보다 쉬워졌는지 확인하는 것입니다. 예전보다 쉬워졌다는 말은 자신에게 도움이 되었을 뿐더러 안 되는 것에서 벗어나 잘 되고 있다는 증명이기도 합니다. 다시 말해 '안 되던 글쓰기'에서 '되는 글쓰기'로 바뀌었다는 뜻이기도 합니다. 프렙 쓰기의 몇 가지 효과를 살펴보겠습니다.

### 1) 글쓰기 두려움과 어려움에서 벗어나게 되었다

여기서는 두 사람의 입장을 이야기합니다. 하나는 가르치는 입장이고 다른 하나는 배우는 입장입니다. 가르치는 입장에서는 무엇을 어떻게 가르칠 것인가를 고민합니다. 그러나 프렙을 알고 가르친 이후로 이런 고민이 해결되었다고 말합니다.

예전에는 '무엇을' 쓰게 할 것인가에 중심이 있었다면, 이제는 '어떻게' 쓰게 할 것인가로 지도의 중심이 이동한 것입니다. 학생의 입장도 마찬가지입니다. 이제는 프렙이란 구조를 알기 때문에 이 순서대로 쓰면 퍼즐이 맞추어지듯이 자신의 생각을 분명하고 간결하게 정리해 쓸 수 있습니다. 이 구조에 익숙해지면 학생들이 학교에서 써야 하는 모든 글쓰기 지도에 적용이 가능하다는 사실을 깨닫게 됩니다. 서술형 답안 작성에도 효과적이고, 독후감 작성에도 효과적이고, 주장하는 글쓰기에도 효과적이라는 걸 알게 됩니다. 또한 학교에서 가장 많이 하는 발표와 토론에도 적용이 가능합니다. 다시 말해 학교에서 말하고 써야 하는 모든 학습 영역에 적용이 가능합니다. 이는 글쓰기의 어려움과 두려움에서 벗어나게 하는 긍정적인 효과입니다.

[사례]

어떻게 해야 두려움에서 벗어날 수 있을까요? 피하는 것이 아니라 한 발 앞으로 나가는 것이 두려움을 벗는 첫걸음입니다. 쓰기가 두렵다고 '다음에 다음에' 하면서 뒤로 물러서는 것은 좋은 해결책이 아닙니다. 다음은 초등 2학년생과 초등 5학년생이 프렙 구조를 배우고 쓴 글입니다. 누군가 두렵다고 할 때 공책에 한 글자 한 문장씩 써가는 것! 이런 모습이 쓰기의 두려움에서 벗어나는 길입니다.

<사례 1> 2학년 독후감

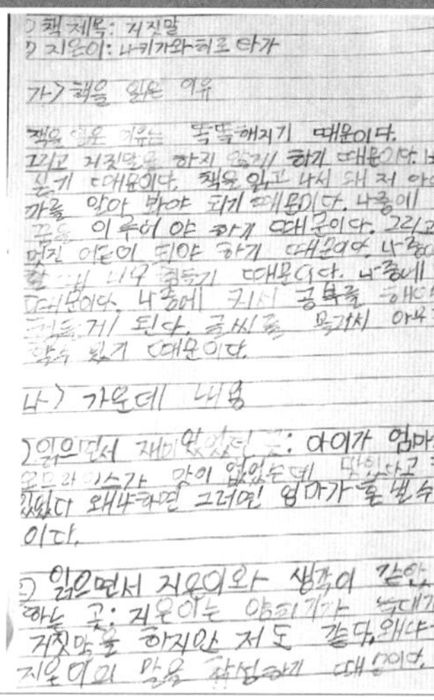
①책 제목: 거짓말
② 지은이: 나카가와 히로타카

가) 책을 읽은 이유

책을 읽은 이유는 똑똑해지기 때문이다.
그리고 거짓말을 하지 않게 하기 때문이다.
책을 읽고 나서 왜 저 아이가를 알아 봐야 되기 때문이다. 나중에
꿈을 이루어야 하기 때문이다. 그리고
멋진 어른이 되야 하기 때문이다.
때문이다. 나중에 커서 공부를
하게 된다. 글씨를
때문이다.

나) 가운데 내용

①읽으면서 재미있었던 곳: 아이가 엄마
있었다 왜냐하면 그러면! 엄마가
이다.

② 읽으면서 지은이와 생각이 같았던 곳: 지은이는 거짓말을 하지만 저도 같다. 왜냐하면
지은이의 말을 때문이다.

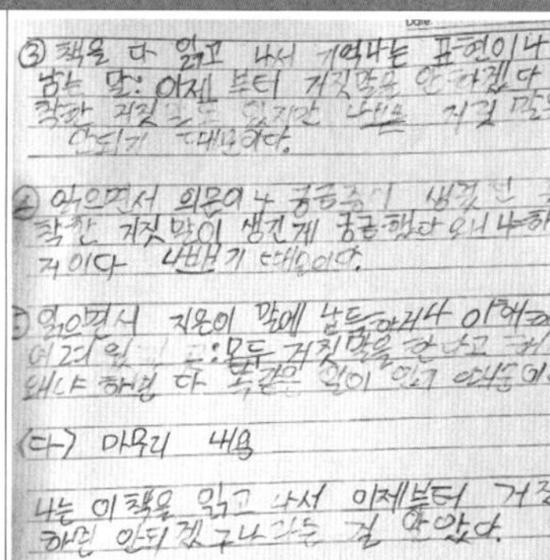
③ 책을 다 읽고 나서 기억나는 표현이나 남는 말: 이제부터 거짓말을 안 하겠다
착한 거짓말도 있지만 나쁜 거짓말을
안되기 때문이다.

④ 읽으면서 의문이나 궁금증이 생겼던 곳
착한 거짓말이 생긴게 궁금했다
거이다 나빴기 때문이다.

⑤ 읽으면서 지은이 말에 납득하거나 이해가
모두 거짓말을 한다고
왜냐하면 다 똑같은 일이

(다) 마무리 내용

나는 이 책을 읽고 나서 이제부터 거짓
하면 안되겠구나라는 걸 알았다.

**<사례 2> 5학년 수학 수행평가**

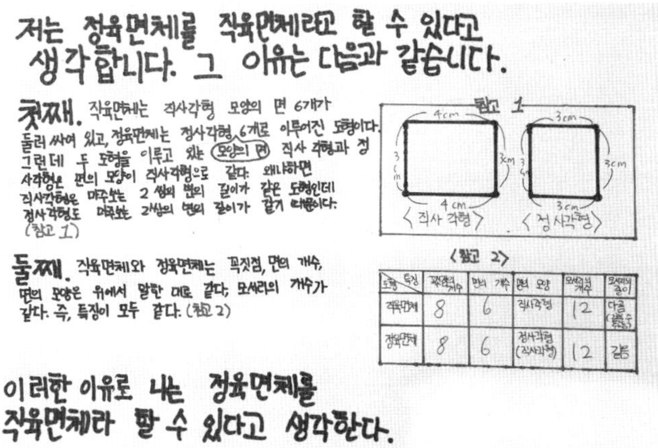
저는 정육면체를 직육면체라고 할 수 있다고 생각합니다. 그 이유는 다음과 같습니다.

첫째. 직육면체는 직사각형 모양의 면 6개가 둘러 싸여 있고, 정육면체는 정사각형 6개로 이루어진 도형이다. 그런데 두 도형을 이루고 있는 모양의 면 직사각형과 정사각형은 면의 모양이 직사각형으로 같다. 왜냐하면 직사각형은 마주보는 2쌍의 변의 길이가 같은 도형인데 정사각형도 마주보는 2쌍의 변의 길이가 같기 때문이다. (참고 1)

둘째. 직육면체와 정육면체는 꼭짓점, 면의 개수, 면의 모양은 위에서 말한 대로 같다; 모서리의 개수가 같다. 즉, 특징이 모두 같다. (참고 2)

이러한 이유로 나는 정육면체를 직육면체라 할 수 있다고 생각한다.



<참고 2>

| 도형 \ 특징 | 꼭짓점의 개수 | 면의 개수 | 면의 모양 | 모서리의 개수 | 모서리의 길이 |
|---|---|---|---|---|---|
| 직육면체 | 8 | 6 | 직사각형 | 12 | 다름 |
| 정육면체 | 8 | 6 | 정사각형 (직사각형) | 12 | 같음 |

[설명]

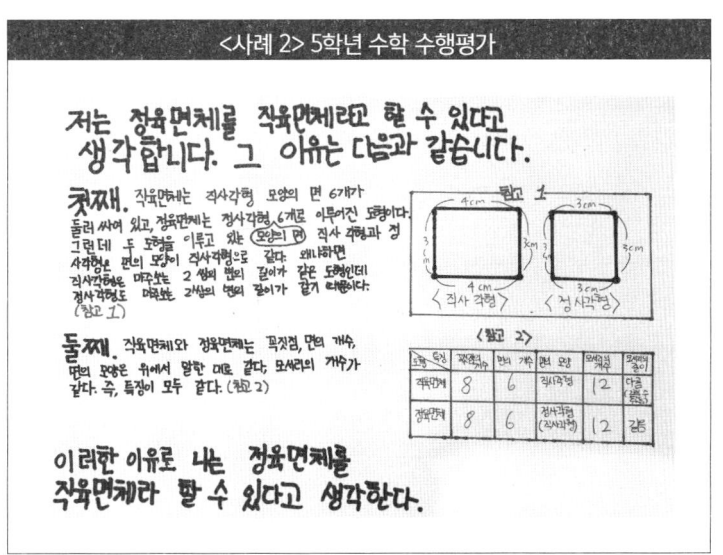

〈사례 1〉은 초등 2학년 학생이 프렙 구조를 배우고 쓴 독후감입니다. 〈사례 2〉는 프렙 글쓰기를 오래 한 5학년 학생의 수학 수행평가 내용입니다. 처음에는 이 학생들도 글쓰기에 두려움이 많았지만 프렙구조를 배우고 나서 두려움과 어려움을 벗어나 이처럼 긴 글을 쓸 수 있게 되었습니다.

### 2) 글쓰기로 효과적인 의사 전달이 가능해졌다

글쓰기의 최종 목표는 의사 전달입니다. 프렙 구조를 알기 전에는 갈팡질팡하던 글의 내용 때문에 의사 전달이 제대로 이루어지지 않았습니다. 특히 초등학생들의 경우 글의 길이도 짧아서 무슨 뜻인가를 이해하는 데 곤란을 겪기도 했습니다. 글 속에 담긴 내 뜻이 상대방에게 전달되는 데 상당한 장애가 있었습니다. 어디를 가고 싶다는 뜻인지, 무엇을 하고 싶다는 뜻인지, 포기하고 싶다는 뜻인지 분명하지 않았습니다. 그러나 프렙 구조를 알고 나서는 자신의 뜻을 간결하게 전할 수 있게 되었습니다. 프렙 구조의 특성상 자신의 생각이나 주장, 의견을 가장 먼저 써야 하기 때문입니다. 이 구조를 읽는 사람 역시 상대방이 무엇을 주장하고 무슨 생각을 하는지 첫 문장을 읽고 바로 알 수 있어서 의사 전달력이 매우 높아지는 효과가 생깁니다.

[사례]

내가 쓴 글이 상대방에게 제대로 전달되지 못한다면 생명력을 잃게 됩니다. 초등학생들이 쓴 글의 대표적인 문제점은 길이가 짧다는 것과 주장하고자 하는 말이나 하고 싶은 말이 무엇인지 모호하다는 것입니다. 프렙 쓰기 연습을 자주 할수록 이런 문제점은 눈에 띄게 줄어듭니다. 다음은 초등 2학년생의 프렙 쓰기 전과 후의 변화 사례입니다.

Before

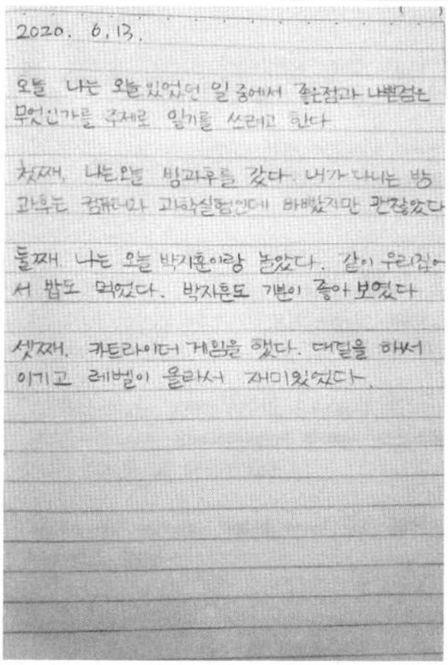

2020. 6. 13.

오늘 나는 오늘 있었던 일 중에서 좋은점과 나쁜점은 무엇인가를 주제로 일기를 쓰려고 한다

첫째, 나는 오늘 방과후를 갔다. 내가 다니는 방과후는 컴퓨터와 과학실험인데 바빴지만 괜찮았다

둘째 나는 오늘 박지훈이랑 놀았다. 같이 우리집에서 밥도 먹었다. 박지훈도 기분이 좋아 보였다

셋째, 카트라이더 게임을 했다. 대결을 해서 이기고 레벨이 올라서 재미있었다.

After

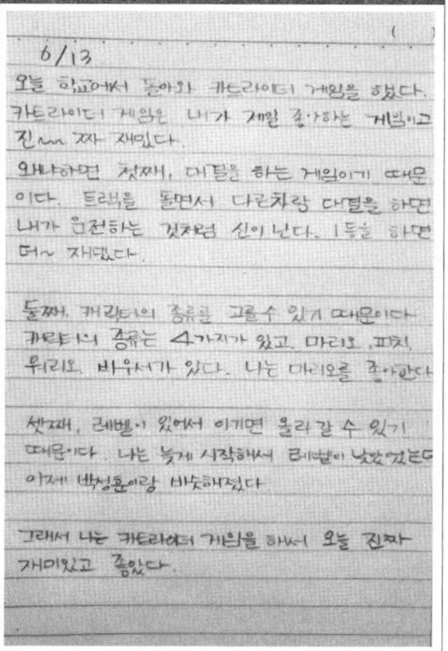

6/13

오늘 학교에서 돌아와 카트라이더 게임을 했다. 카트라이더 게임은 내가 제일 좋아하는 게임이고 진~~ 짜 재밌다.

왜냐하면 첫째, 대결을 하는 게임이기 때문이다. 트랙을 돌면서 다른차랑 대결을 하면 내가 운전하는 것처럼 신이 난다. 1등을 하면 더~ 재밌다.

둘째, 캐릭터의 종류를 고를 수 있기 때문이다 캐릭터의 종류는 4가지가 있고, 마리오, 피치, 와리오, 바우저가 있다. 나는 마리오를 좋아한다

셋째, 레벨이 있어서 이기면 올라갈 수 있기 때문이다. 나는 늦게 시작해서 레벨이 낮았었는데 이제 백성훈이랑 비슷해졌다

그래서 나는 카트라이더 게임을 해서 오늘 진짜 재미있고 좋았다.

[설명]

하루 생활 중에 즐거운 점과 나쁜 점을 쓰라고 한 일기입니다. 이런 주제가 주어졌으면 즐거운 일을 선택하고 그 이유가 무엇인지 분명하게 드러내야 합니다. 나쁜 점도 마찬가지입니다. 그러나 이 글을 보면 무엇이 즐겁고 무엇이 나쁜지가 보이지 않습니다. 하루에 있었던 일 세 가지만 기억나는 대로 썼습니다. 이런 글들이 일반적이지만 프렙 쓰기를 좀 더 구체적으로 배우고 연습하면 좋은 글을 쓸 수 있게 됩니다. 같은 학생의 글인데도 프렙 쓰기를 배우고 변화한 것을 확인할 수 있습니다.

### 3) 주제가 없던 글에서 주제가 있는 글로 바뀌었다

프렙은 써야 하는 글의 주제를 먼저 정한 뒤 쓰는 구조입니다. 초등학생들의 경우 프렙 쓰기 초기 단계에는 주제를 먼저 알려주고 쓰게 합니다. 이후 중고등학생이나 대학 졸업 후에는 자신이 주제를 직접 정해서 써야 하지만, 초등 저학년이라면 글의 주제를 먼저 주고 쓰게 하는 것이 좋습니다. 예를 들어 '코로나라도 학교 등교를 하는 것이 좋은가?'라는 주제라면, 이 주제에 대한 자신의 입장을 먼저 정하고 쓰는 것입니다. 예전에는 글의 주제도 모른 채 그냥 '쓰라!'고 해서 우왕좌왕 했다면 프렙 구조를 알고 그 순서에 맞게 쓰기 때문에 주제가 분명하게 드러나는 효과가 생기게 됩니다.

[사례]

초등학생들의 프렙 쓰기는 주제를 먼저 정해주는 경우가 많습니다. 그런데 주제를 받아서 써도 주제에서 벗어난 글을 쓰는 경우가 많습니다. 하지만 프렙 쓰기는 글의 특성상 주제에 맞는 자신의 주장을 먼저 쓰는 구조이기 때문에 주제에서 벗어나는 실수를 줄여줍니다.

| 일기 사례 | 독후감 사례 |
| --- | --- |

**일기 사례**

짝을 이렇게 바꿉시다

내 생각: 제비뽑기로 정한다.

이유: 왜냐하면 제비뽑기로 정하면 공평하게 짝이 나눠지고 소외되는 애들이 없기 때문이다. 또 내가 작년에 짝을 제비뽑기로 뽑았을때 새로운 친구와 만나 대화를 많이해서 친한친구가 되었다. 그리고 제비뽑기로 짝을정하면 좋은점이 더 있다. 짝을 마음대로 바꿀 때는 서로서로 이 친구와 앉겠다거나 이 자리에 앉겠다고 싸움이 일어나기도 하지만 제비뽑기로 정하면 그냥 자리도 정해져 있고, 짝도 정해져있기 때문에 제비뽑기로 정하면 싸움이 일어날 일이 거의 없다. 이렇게 좋은 점이 많기 때문에 나는 제비뽑기로 정하면 좋다고 생각한다.

**독후감 사례**

11.11 화

안녕하십니까. 이번 독서토론의 논제 '아들을 두고 집을 나간 엄마의 행동은 바람직한가'에 반대하는 입장의 입론을 맡은 [redacted]입니다.

책 속에서 엄마는 술을 먹고 가정폭력을 일삼는 남편을 피해 집을 나갑니다. 남겨진 준서는 술을 먹고 들어오는 아버지의 폭력과 날이 갈수록 심각해져만 가는 환경에 처합니다. 배부르게 밥을 먹지 못하고, 학교 준비물도 제대로 챙겨가지 못할뿐더러 학교생활도 힘들어졌습니다. 책 속에서 이렇게 힘들게 표현된 준서의 생활은 무엇에서 비롯된 것일까요? 준서는 본문 38쪽에서 '엄마와 함께 살던 그 때가 그래도 행복했다'고 생각합니다. 아무리 엄마가 견딜 수 없이 힘들었다고 해도 아들한테 한마디 설명도 없이 나간 것이 바람직한 것이라고 할 수 있을까요? 전 그렇게 말할 수 없습니다. 이렇듯 저희 반대측은 아들을 두고 집을 나간 엄마의 행동이 바람직하지 못하다고 주장합니다.

그에 따른 이유는 다음과 같습니다.

첫째, 엄마는 한 마디 설명도 없었습니다. 저는 개인적으로 이 논제에 대해 반대하는 입장입니다. 엄마가 집을 나간 것, 준서를 두고 나간 것까지는 이해할 수 있어도 왜 설명도 없이 갔는지는 이해할 수가 없었습니다. 저는 준서의 엄마가 설명도 없이 집을 나가버렸기 때문에 준서가 더욱 힘들었다고 생각합니다. 이유를 듣는 것과 듣지 못하는 것은 많이 다르지 않습니까? 누군가 나에게 화를 낼 때, 이유를 아는 것과 모르는 것은 천지차이입니다. 엄마가 적어도 이유를 설명해 주고 나갔더라면 준서는 희망을 가지고 기다릴 수 있었을 것입니다. 엄마가 오지 않았다면 몰라도 마지막에 엄마는 준서를 찾아 왔으니까요.

둘째, 준서는 어렸습니다. 준서는 12살이었습니다. 12살이라는 나이는 엄마가 집을 나가도 잘 살아갈 수 있는 나이가 아닙니다. 12살은 돈도 벌 수 없고, 학교도 다녀야 합니다. 부모님의 보호 하에 살아가야 하는 나이지요. 그런데도 엄마는 준서를 두고 나갔습니다. 게다가 남편인 준서의 아버지는 술만 먹고 가정폭력을 일삼는 사람이었는데도 불구하고요. 이런 아빠를 알고도 엄마가 집을 나갔다는 것은 심히 문제가 있습니다. 자신이 없으면 준서에게 폭력을 휘두를 것을 엄마가 몰랐을까요? 조금만 생각해도 알 수 있음에도 엄마는 준서를 아빠의 폭력에 그대로 노출시켜 놓은 채 떠났습니다.

물론 아빠가 준서를 데리고 가지 못하게 해서 못 데려갔다, 라는 찬성측의 주장도 나올 수 있습니다. 하지만 그렇다고 해서 설명도 못하게 했나요? 말 한마디 하는 것이 그렇게 어려웠을까요? 엄마는 준서를 버리고 간 것입니다.

~~이러한 이유로~~ 저희 반대측은 엄마가 아들을 두고 집을 나간 것은 바람직하지 못하다 (주)장합니다. 이상으로 반대측 입론을 마치겠습니다. 감사합니다.

[설명]

일기를 쓸 때와 독후감을 쓸 때가 좀 다르긴 합니다. 일기는 일상을 쓰다 보니 특별한 주제 없이 쓰게 되는 경우가 많습니다. 반면 독후감은 책 자체가 쓰여질 때부터 교훈이나 주제를 갖고 있어, 책에 대한 생각을 쓰다 보면 주제가 드러난 글을 쓰기가 더 쉽습니다. 하지만 두 경우 모두 자기 생각이 무엇인지를 분명히 하지 않고 글을 쓰다 보면 생각이나 주제는 없고 일상 나열과 줄거리 요약만 남은 알맹이 없는 글이 됩니다. 위의 사례글을 보면 글이 길지 않거나 아주 길어도 자신의 주장을 먼저 쓰고 나니 주제가 잘 드러나는 글이 된 것을 볼 수 있습니다. 이것이 프렙 구조의 힘입니다.

### 4) 논리가 약한 글에서 논리 체계가 분명한 글로 바뀌었다

초등학생에게 논리란 무엇일까요? 논리란 '말이나 글에서 사고나 추리 따위를 이치에 맞게 이끌어가는 과정이나 원리'를 말합니다. 좀 더 풀어보면 글쓰기에서 논리란 쓰고 있는 글을 이끌어가는 과정이나 원리, 이치를 말합니다. 다른 사람의 글이 어떤가는 쉽게 알 수 있습니다. 읽어가면서 이치에 맞지 않거나 순서나 문맥이 다른 내용이 나오면 이상하다고 생각하게 됩니다. 이럴 때 우리는 글이 논리적이지 않다는 생각을 합니다. 프렙 쓰기는 글을 쓰기 전에 순서나 이치에 맞도록 생각을 정리하는 방식이기 때문에 논리적입니다. 따라서 프렙 구조의 순서에 맞춰 쓰면 논리의 비약이나 주제에서 벗어나거나 이치에 맞지 않는 글을 쓰지 않게 됩니다. 글을 쓰다가 다른 길로 빠지는 일이 없게 됩니다. 프렙 구조의 글은 논리적이기 때문에, 읽는 사람도 글의 순서를 알고 앞으로 나올 내용을 짐작할 수 있어 속독이 가능합니다.

[사례]

프렙 쓰기는 단순히 주장하는 글이나 자기의 생각이 드러나는 글에만 해당하지 않습니다. 다음의 사례(초등학교 5학년생)에서 보듯이 일반적인 교과 학습 활동에도 활용이 가능한 쓰기입니다. 특히 서술형, 논술형 평가가 일반화될수록 프렙 쓰기의 효과는 바로 나타나게 됩니다. 서술형 평가의 핵심은 학습자가 자신의 지식이나 정보를 논리적인 글로 서술할 수 있어야 한다는 점에서 프렙 쓰기가 매우 효과적인 학습법이라는 점을 확인하게 됩니다.

| <사례 1> 사회 수행평가 | <사례 2> 수학 수행평가 |
|---|---|
| 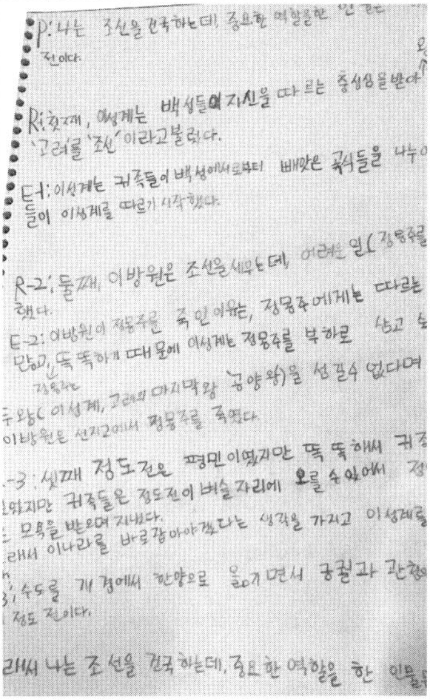 | 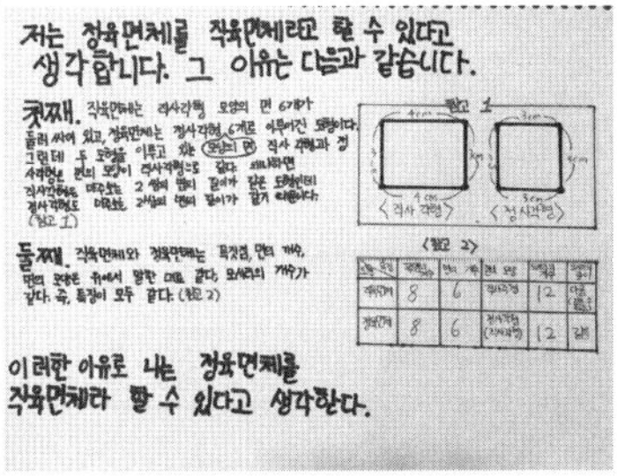 |

[설명]

교과에 적용한 프렙 쓰기의 사례입니다. 프렙 쓰기를 사회 수행평가와 수학 수행평가에 적용한 사례입니다. 앞의 사례에서 보듯이 앞으로 더욱더 강화되고 일반화되는 서술형, 논술형 평가물 작성에 프렙 쓰기는 긍정적인 효과를 보인다는 것을 확인할 수 있습니다. 특히나 배운 내용을 자신만의 논리로 정리하는 데 커다란 효과를 보입니다.

### 5) 내 생각이 없는 글에서 내 생각이 드러나는 글로 바뀌었다

아이 글을 보고 부모들이 가장 많이 하는 말이 '아이의 생각이 보이지 않는다'입니다. 아이들은 이 말을 가장 싫어합니다. 나이가 어린 초등학생이지만 자신도 사람인데 생각이 없다니, 아이들 입장에서는 충격적입니다. 프렙 구조로 글을 쓰면 이런 말이 없어집니다. 프렙 구조상 자신의 생각 없이 글을 쓸 수 없기 때문입니다. 프렙 구조에는 주어진 주제에 대한 자신만의 분명한 생각과 이유와 사례가 들어가야 하기 때문입니다. 프렙 구조로 쓰기 전에 말로 연습을 하고 글을 쓰게 하는 것도 같은 이치입니다. 본격적으로 쓰기 전에 말로 자신의 생각을 정리하고 주장-이유-사례-재주장 순서로 말하는 프렙 구조 연습 단계를 거쳐야 합니다. 이런 과정을 거듭할수록 자신만의 생각이 자리 잡고 자신만의 생각이 드러나는 글을 쓸 수 있게 됩니다. 이런 과정을 거듭할수록 자신만의 생각이 분명하게 드러나는 글이 됩니다.

[사례]

프렙 쓰기는 구조를 이해하고 꾸준하게 연습해야 합니다. 필자의 지도 경험에 의하면 한 학기를 연습하고 다음 학기에 이르면 일정 수준의 글쓰기가 가능해집니다. 가정에서라면 하루 30분 정도의 연습 시간을 권합니다. 그래야 나만의 생각이 담긴 글들이 익숙해지기 시작합니다. 다음은 학교에서 프렙 쓰기를 하고 2학기 마지막 단계에 이른 학생의 사례입니다. 글의 구성이나 내용 등에서 자신의 생각이 드러나고 있음을 확인할 수 있습니다.

독서 토론 글쓰기

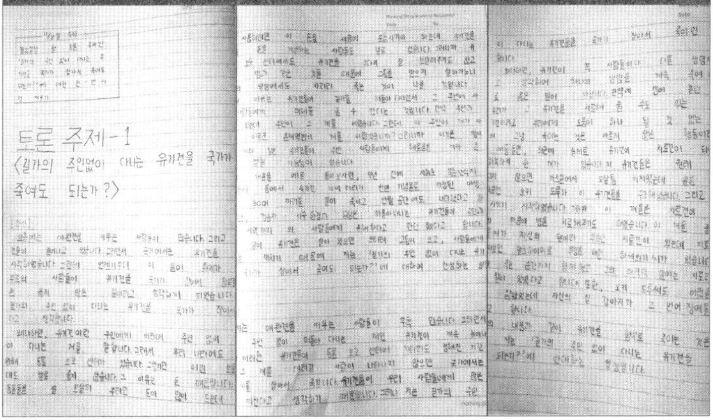


[설명]

학년이 올라갈수록 프렙 구조가 익숙해지고 연습량과 시간이 늘어갈수록 자기 생각이 분명해지는 글쓰기가 가능해집니다. 주제도 스스로 결정할 수 있고 그 주제에 자신의 생각을 분명하게 드러내는 글쓰기가 가능해집니다. 학교에서는 학기 초에 이런 글쓰기가 불가능하지만 가정에서는 하루 20~30분 정도의 연습 시간이면 충분합니다. 앞의 초등 5학년생의 글은 학년에 따라 약간의 차이는 있을 수 있지만, 1년 정도면 이 정도의 글쓰기가 가능합니다.

## 3. 프렙 쓰기를 공부한 학생과 부모의 반응

다음은 프렙 쓰기를 마친 학생과 그를 지켜본 부모들의 반응입니다. 부모와 학생의 반응에서 몇 가지 공통점이 보입니다. 쓰기의 두려움에서 벗어났고, 쉽게 쓰게 되었고, 글의 길이가 길어졌으며, 생각을 바르게 정리하고 글로 쓰는 데 어려움이 없게 되었다는 의견을 확인하게 됩니다. 부모의 의견과 학생의 의견을 살펴보기 바랍니다.

### 1) 부모의 의견

부모 1) 아이가 글을 쓰기 전에 어찌할 바를 몰랐는데, 그런 일이 확연이 줄었습니다. 아이가 글을 쓰는 데 필요한 생각을 체계화하는 데 많은 도움이 되었습니다.

부모 2) 글의 단계마다 엄마의 지도가 필요했는데 프렙 쓰기는 논리 전개 단계가 분명하게 보이니 글을 구성하는 데 많은 도움이 되었습니다.

부모 3) 글을 쓰는 데 필요한 문제 해결 능력이 향상되는 것을 느꼈습니다. 자신이 하고자 하는 말을 하기 전에 관찰-생각-질문하는 힘이 생겼습니다.

부모 4) 글을 쓰기 전 준비 과정이나 글을 쓰는 과정에서 생기는 질문으로 부모와의 대화가 늘었습니다. 이런 대화는 글의 주제와 연결되어서 글쓰기에 많은 도움이 됩니다.

부모 5) 글을 다 쓰고 나서 다른 친구의 글을 읽고 고치며, 다른 사람과의 소통이 확실히 많아졌습니다. 이유나 사례를 드는 과정에서 주변의 사람이나 친구에게 질문하고 이야기하는 일이 많아졌습니다.

부모 6) 늘 걱정하던 아이의 집중력이 높아졌습니다. 글을 쓰기 시작하면서 주어진 주제와 그에 대한 자신의 생각과 이유, 사례를 정리하고 결론을 내리는 과정을 잘 알기에 다른 것에 한눈 팔지 않고 집중하는 태도가 좋아졌습니다. 처음에는 힘들어하고 집중하는 시간도 짧았지만 글을 쓸수록 집중하는 시간도 늘어났습니다. 처음에는 10~15분 정도였는데, 이제는 혼자서 40분 정도는 집중합니다.

### 2) 학생의 의견

- 글을 쓰는 데 대한 불안감이 없어졌다.

글을 쓰려면 항상 자신감이 떨어지고 불안했는데 불안감이 없어졌습니다. 주어진 주제를 잘 생각하고 내 주변의 일이나 경험을 생각하여 정리하고 프렙 구조를 생각하며 쓰면 되기 때문에 글쓰기의 두려움이 사라졌습니다. 이젠 글을 쓰는 것이 즐겁습니다.

- 글쓰기가 쉬워서 재미있다.

예전에는 혼자 글을 쓰려고만 했는데 프렙 구조를 알고 나서는 다른 친구들과 이야기하고 생각을 정리하고 순서대로 쓸 수 있어서 글쓰기가 쉬워졌습니다. 글이 술술 써지고 글의 길이가 점점 늘어나서 신기하기도 하고 재미있습니다.

- 글이 길어졌다고 칭찬 받았다.

글을 쓸 때마다 부모님에게 달랑 세 줄이냐는 핀잔을 받았으나, 이제는 공책 반 바닥 이상은 쓸 수 있습니다. 프렙 구조의 각 단계를 생각하고 다른 사람과 이야기하며 이유와 사례를 찾고 확인하는 과정에서 점점 내 글이 늘어나는 것을 확인하게 됩니다. 글의 길이가 늘어나면서 부모님이나 선생님에게 칭찬을 자주 받습니다.

[프렙 쓰기를 지도받은 학생의 후기]

대학 입학은 인생의 중요한 일 중 하나입니다. 이 중요한 관문을 통과하기 위해 나는 다른 수험생과 다른 나만의 장기를 살리기로 결정했습니다. 그것은 바로 글쓰기입니다. 나의 장기인 글쓰기 능력을 살려 논술 전형으로 대입을 준비하며, 내 글쓰기

밑바탕이 된 것 중 중요한 한 가지 요인을 알게 되었습니다. 그것은 바로 초등학교 때 들은 프렙 글쓰기 수업이었습니다.

대입 논술에서 가장 중요한 것은 논증 구조를 제대로 갖췄는지의 여부입니다. 얼마나 탄탄한 구조를 갖고 자신의 주장을 펴고, 제시문에 나온 내용을 연결해낼 수 있는가를 평가하는 것이 입시 논술입니다. 이를 공부하면서, 거듭 떠오른 것이 초등학교 6학년 때 배운 글쓰기 수업이었던 것입니다.

가장 직접적으로 연관된 것은 프렙 구조로 요약된 논술 수업이었습니다. 선생님은 자신의 주장을 피력하는 데에도 일종의 체계가 필요하다고 하셨습니다. 일단 논설문에서 가장 중요한 것은 물론 주장입니다(Proposition). 자신이 글을 쓰는 이유, 글에서 말하고자 하는 것을 두괄식으로 제시하는 것이 가장 좋다고 하셨습니다. 다음으로는 그 주장을 제시하는 근거가 필요합니다(Reason). 주장에 합리적인 근거가 따르지 않으면 의미 없는 것이 되어버립니다. 주장은 반드시 2~3개의 이성적인 근거에 의해 뒷받침되어야 합니다. 주장과 근거가 갖춰지면 그에 해당하는 구체적인 사례가 있으면 좋습니다(Example). 단순히 추상적인 주장과 근거만이 있으면 독자에게 공감을 유도하거나 구체적으로 이해를 돕는 데에 한계가 있습니다. 실제 사회문화적 사례를 통해 예증을 제시하는 것이 필요합니다. 이 과정이 모두 끝나면, 다시 한번 주장을 강조함으로써 문단을 마무리합니다. 이 수업이 놀라웠던 점은 고3이 되어 논술을 들으면서, 저 설명을 그대로 다시 들었다는 점입니다. 논지, 논거, 부연, 예증이라는 어휘만 다를 뿐, 본질적인 논설문의 구성은 일치했습니다. 그래서 훨씬 수월하게 수업을 들을 수 있었습니다.

또 도움이 되었던 것은 독후감 쓰기와 신문 활용 교육(NIE)을 통한 자기 생각 말하기였습니다. 선생님께서는 자기 생각을 갖고 이를 드러내는 것을 중시하셨습니다. 그래서 독후감을 쓰면서도, 단순 내용 베끼기를 지양하고 '감상' 부분을 더 많이 쓸 것을 강조하셨습니다. 다양한 분야의 책을 읽고 그에 대한 감상을 쓰다 보면 자연스럽게 자신의 주장과 주관이 갖춰지고, 자신만의 생각이 나오기 시작합니다. NIE 역시 자신의 생각을 최대한으로 드러낼 수 있는 수업이었습니다. 관심 있는 신문 기사, 또는 정해진 주제에 대한 신문 기사를 읽고 이를 오려서 공책에 붙입니다. 그리고 중요한 부분에 밑줄을 치고, 해당 기사에 대한 자신의 생각을 적습니다. 이러한 과정은 공통적으로 자신의 주장을 드러내고 글로 표현하는 것에 초점이 맞춰져 있습니다. 많은 학생이 입시 논술에서의 '자기 주장 말하기' 분야에서 무슨 말을 해야 할지 모르겠다고 어려움을 토로하는 것은, 이러한 연습이 부족했기 때문일 것입니다.

자신의 주장을 말하고, 논리적으로 입증하는 글쓰기 교육은 입시 논술뿐 아니라 삶 전반에도 영향을 미칠 수 있습니다. 현대 사회는 자신만의 것, 새로운 주장과 창의력을 요구합니다. 새로운 주장을 제시하는 것도, 생각을 거듭하고 연습을 하지 않으면 불가능합니다. 아이디어가 있어도, 이를 설득력 있게 표현하지 못하면 다른 이들을 설득하여 아이디어를 현실로 만들 수 없습니다. 그런 의미에서 프렙 글쓰기는 오늘날 학생들에게 꼭 필요한 가르침인 것 같습니다.(※위 학생은 필자가 직접 가르친 학생으로 현재 Y대학 3학년에 재학 중입니다.)

## 4. 글쓰기의 중요성

글쓰기를 잘해서 성공한 사람이나 기업이 있는가 하면, 운명이 바뀌는 사람도 있습니다. 다들 어렵다는 글쓰기입니다. 우리 교육의 문제 중 하나가 글쓰기라고 합니다. 대학마저 논술 시험을 멀리하고 있습니다. 승진이나 상급 학교 진학의 중요성이 덜해질수록 글쓰기는 점점 더 멀어져갑니다.

(중략) 그러나 그 모든 위대한 발명품을 능가하는 것이 있네. 자신의 마음속 깊이 있는 생각을 다른 사람에게 전하는 방법. 다른 사람이 아무리 멀리, 아무리 미래에 있더라도 전하는 방법을 생

각해 낸 것은 얼마나 위대한 지혜인가! 인도에 있는 사람에게 전할 수도 있네. 얼마나 위대한 지혜인가! 아직 태어나지 않은 사람, 천 년 후나 만 년 후에 태어날 사람에게 전할 수도 있어. 방법도 아주 간단해. 20여 개의 글자를 종이 위에 적당한 순서로 쓰면 돼! 인류의 가장 위대한 발명품이 바로 이것이지!

윗글의 마지막에서 이야기하는 이것은 무엇일까요?

정답은 문자입니다! 갈릴레오는 문자야말로 인류 최고의 발명품이라고 주장합니다.

그러나 시간이 흘러 문자가 필요 없다는 이미지의 시대가 되었습니다. 이른바 Z세대는 제로 텍스트(Zero Text)로 의사소통을 합니다. 단순한 이미지 정도가 아닙니다. 이미지를 송출하는 화면은 잠시도 멈추지 않고 움직여야 하고 음악도 있어야 합니다. 그래야 '사실'로 인정받습니다. 화려하고 찬란한 영상으로 우리를 속여도 우리의 눈은 그것을 사실로 인정하고 받아들입니다. 부정하기 힘든 현실입니다. 그래서 인기 있는 동영상에는 진짜인가 가짜인가의 문제가 붙어 다니기도 합니다.

영국 철학자 베이컨은 "독서는 지식이 많은 사람을, 토론은 준비된 사람을, 글쓰기는 정확한 사람을 만든다"라고 했습니다. 이 간단한 말 안에 우리가 아이들에게 무엇을 가르쳐야 하는지가 있습니다. 특정 분야의 전문가일수록, 이제는 독서와 토론을 넘어서 쓰기가 필요한 시대라고 강조합니다. 실리콘밸리 기업에 다니는 부모들의 교육법에는 IT 관련 공부가 아닌 읽기와 쓰기와 말하기가 주를 이룬다는 사실은, 어려서부터 아이들에게 무엇을 가르쳐야 하는지를 시사합니다. 미래 사회의 능력자는 소통이 가능한 사람입니다.

세상이 변하여 모든 일을 AI가 처리하고, 사람이 하기 싫고 어렵고 더러운 일은 로봇이 한다고 믿습니다. 지금도 스마트폰 한 대면 세상과 소통하는 데 불편함이 없습니다. 그런데 사람들은 늘 부족하다고 말합니다. 이런 세상에서 내 아이가 왜 글쓰기를 배워야 하는지, 글을 잘 써야만 성공하는 건지에 대한 의문이 생기는 것도 사실입니다.

세상은 글쓰기 능력을 요구하고 있습니다. 몇 가지 사례를 통해 이 의견을 뒷받침해보겠습니다.

## 사례 1: 미국 록히드 마틴 항공사의 이야기

그 회사의 최고 경영자였던 노만 어거스틴은 이런 말을 합니다. (전략) 8만 명 엔지니어와 과학자를 포함하여 총 18만여 명의 직원이 우리 회사에 근무합니다. 최고 경영진까지 오른 직원들에게서 확인할 수 있는 가장 최고의 능력은 바로 '글로 자기 생각을 분명하고 정확하게 전달하고 표현하는 능력이었다'라고 말합니다. 다시 말해 조직의 리더란 검색이 아니고 생각할 줄 알고 그 생각을 조직원들에게 글로 바르게 전달하는 능력자라는 뜻입니다. 최고 경영자나 기업의 방향을 결정하는 사람들은 검색을 할까요? 아니면 사색을 할까요? 만약 내 아이가 경영자라면 검색을 해야 할까요? 아니면 깊은 사색을 해야 할까요?

– 《생각은 어떻게 글이 되는가》, 박주용, 쌤앤파커스, 22쪽에서 재인용

## 사례 2: 한국생산성본부에서 발표한 보고서 내용

한국의 직장인들은 회사에 출근하여 주로 무슨 일을 하는 것일까요? 보고서는 이런 것을 조사한 내용입니다. 살펴보겠습니다. "업무의 30%가 문서 작성입니다. 일과 관련한 정보 분석과 수집에 22%, 검토와 의사결정 20% 여기에 회의와 보고에 각각 16%와 13%의 시간을 사용합니다." 결론적으로 일의 대부분이 문서 작성입니다. 다시 말해서 출근해서 하는 일은 놀랍게도 30%가 글쓰기입니다. 계획서 작성, 보고서 작성, 의견서 작성 등등입니다. 그러니 글쓰기 능력이 부족한 사람은 근무가 힘들고 어려울 것이라는 생각은 당연합니다. 그렇다면 앞으로 내 아이가 하고자 하는 일은 글쓰기와 어떤 관련성이 있을까요? 잘해야 하는 직업일까요? 전혀 상관없는 직업일까요?

– 「스카트 앤터프라이즈와 조직 창의성 보고서」, 생산성본부, 2014

## 사례 3: 한국 교육개발원 보고서

"우리나라 대학생들이 한 학기에 10쪽 정도의 보고서를 5회 이상 쓰는 비율이 절반 이하였다"고 합니다. 평균적으로 1년에 대략 100쪽 정도를 쓴다고 합니다. 생각보다 분량이 많다는 느낌입니다. 그렇다면 미국 학생들은 어떨까요?
미국의 대학교 1학년 학생의 경우 1년 평균 92쪽 정도지만 4학년이 되면 146쪽 정도로 늘어납니다. 결론적으로 미국 대학생들이 우리 학생들보다 평균 20% 정도 더 쓰고 있습니다. 다시 말해 약 20% 이상의 고민과 생각을 한다는 것입니다. 더 중요하고 심각한 문제는 글쓰기에 대한 인식조사 결과입니다. 우리나라는 교양 과목으로 생각하는 반면에 미국의 경우 누구나 반드시 이수하고 검증받고 학점으로 평가받아야 하는 과목이 글쓰기입니다. 하버드대학의 경우 1872년 이래 '탐구적 글쓰기' 과목은 필수강좌입니다. 우리나라에 글쓰기를 전문 과정으로 개설하고 운영하는 대학교는 얼마나 되는지 궁금합니다.

– 「대학의 교수 학습 질 재고 전략 탐색 연구」, 최정윤 등, 한국교육개발원, 2016

## 사례 4: 한국과 네덜란드에서 공부한 학생의 의견

레네 하일이란 학생은 아버지를 따라 한국에 와 고등학교 1학년까지 다녔고 이후 2학년 때 혼자 미국으로 가서 고등학교를 마칩니다. 그 이후 다시 연세대학교에 다니다가 중퇴를 합니다. 중퇴 후 고국인 네덜란드로 가서 대학을 졸업합니다. 특이한 경험을 한 그는 그의 책《SKY? 사양하겠어요》에서 이렇게 이야기합니다. "비판 정신은 부족했다. (…) 한국 사람들은 윗사람이 시키는 대로 하는 문화에 젖어 있다. (중략) 좋아. 이제 너 스스로 생각해 봐! 그러면 사람들은 어쩔줄을 모른다. 한국 대학에서 만난 사람들에게 별로 신선한 느낌을 받지 못했다. (중략) 나는 창조적이고 도전적인 사람들과 어울리고 싶었다."

-《생각은 어떻게 글이 되는가》, 박주용, 쌤앤파커스, 29~30쪽에서 재인용

위의 네 가지 사례를 보고 무엇을 느꼈나요? 필자는 이들 사례에서 스스로 생각하는 힘과 글쓰기의 중요성과 필요성, 그리고 글쓰기의 힘을 발견했습니다. 이제 선택은 부모에게 달려 있습니다.

'어려서 만들어진 작은 습관이 평생을 간다'는 말은 식상하지만 중요합니다. 어려서부터 읽고, 쓰고, 말하기를 통해 스스로 생각하는 습관을 기르는 일은 아이의 미래를 위해서도 중요합니다.

# 2장

# What?

## 프렙이 뭔가요?

이 장에서는 프렙 쓰기의 탄생 배경과 뜻, 그리고 구조에 대해서 살펴보겠습니다. 다음으로 학생들이 글을 쓰기 어려웠던 이유와 쓰기를 잘 할 수 있는 방법을 소개하고자 합니다. 프렙의 탄생 배경을 살펴보면 우리가 많이 하는 독서와 상당한 연관이 있음을 확인하게 됩니다. 잘 쓴 책의 특징은 잘 읽힌다는 특징이 있습니다. 잘 쓰여진 글을 모두에게 잘 읽힌다는 뜻이기도 합니다. 우리가 프렙 쓰기를 공부하는 이유는 이런 구조를 가진 쓰기를 통해 의사소통을 잘하기 위함입니다. 이를 알기 전에 학생들이 글을 잘 쓰지 못하게 된 이유와 글을 잘 쓰기 위한 방법을 살펴 보고자 합니다.

# 1
# 프렙 쓰기의 탄생

## 1. 프렙 쓰기의 필요성

아이에게 이런 말을 한 적이 있나요?

"하고 싶은 말이 뭐야?"
"무슨 이야기를 하려고 하는데 그래?"
"결론이 뭐야?"

상대방을 설득하는 글을 쓸 때는 왜 결론부터 이야기하라고 할까요? 이 책의 필자들은 왜 프렙 구조로 글을 쓰라고 권할까요?

첫 번째 질문에 대한 답은 상대를 설득하기 쉽기 때문입니다. 문학류가 아니라면 글을 읽는 이의 목적은 간단합니다. 글쓴이가 무엇을 이야기하려고 하는지를 알고 싶은 거죠. 그래서 짧은 글로 간략하게 이야기해주기를 기대합니다. 긴 이야기의 결론이 언제 나오는지 기다리면서 듣거나 읽는 사람은 드뭅니다. 어떤 사람은 200자 원고지 한 장 분량의 글도 길다고 합니다. 그럴수록 하고 싶은 말, 주장하는 바를 먼저 이야기해야 합니다. 그래야 상대가 나의 이야기에 귀를 기울입니다. 이야기가 길어지면 상대는 고개를 돌립니다. 듣기 싫다는 뜻입니다.

"아직도 결론이 안 보이네?"
"결론이 대체 뭐야?"
"무슨 이야기를 이렇게 길게 해?"

상대가 이런 말을 하고 있다면 설득은 힘들어집니다. 상대를 설득하지 못하는 글이나 말은 힘을 잃어버립니다. 힘센 사람의 상징인 삼손의 머리카락이 잘린 셈입니다. 글을 읽는 사람의 몰입도를 높여주기 위해서는 첫 문장이나 도입부를 하고 싶은 이야기로 시작합니다.

두 번째 질문에 대한 답은 첫째로 구조가 간단하기 때문입니다.

프렙 구조는 4단계로 이루어져 있습니다. 주장을 말하고, 그 이유를 말하고, 예들 들어 설명하고, 마지막에 한 번 더 강조하고 글을 마치는 구조입니다. 주장-이유-사례-재주장의 순서는 초등학생들도 쉽게 외워 적용할 수 있는 구조입니다. 그래서 전달력도 높고 이해도도 높습니다. 운을 띄우면 바로 말하는 삼행시처럼 프렙 구조 역시도 아주 재미있는 말하기나 쓰기 연습이 가능합니다. 여느 글보다 구조가 간단하여 실제로 적용해보면 교육적 효과가 높다는 것을 확인하게 됩니다.

두 번째로는 적용 범위가 넓기 때문입니다. 프렙 구조는 말하기 연습에서도 좋은 효과를 보입니다. 글쓰기도 그렇습니다. 수업을 들어본 사람은 말이나 글로 상대를 설득하는 데 이만한 방법이 없다고도 합니다. 토론에도 적용하기 좋고 글쓰기에도 좋고 면접에도 좋습니다. 주장하는 글쓰기를 넘어 다양한 분야의 쓰기에 적용할 수 있습니다. 주장과 이유, 사례를 분명하게 전달하는 구조이기 때문입니다.

## 2. 프렙 쓰기의 탄생

미국의 스파크 교수는 '프렙 구조가 인류 최고의 전달력과 설득력을 가졌다'는 사실을 밝혀냈습니다. 남캘리포니아의 대학에 근무할 당시 스파이크 교수는 전달력이 높은 글의 구조를 찾아냈습니다. 이른바 파워라이팅(Power Writing) 구조입니다.

- 주장(Main Idea)
- 근거(Major Detail)
- 증명(Minor Detail)
- 주장(Main Idea)

이 구조는 아리스토텔레스부터 현대 작가까지 모든 고전을 정리하여 만든 그레이트북스(Great Books) 시리즈 60권에서 소설을 제외하고, 내용을 효과적으로 잘 전달하는 작품을 분석한 결과입니다. 이 작품들은 다음과 같은 공통점이 있었습니다. 먼저 주장을 말합니다. 다음으로 주장에 대한 뒷받침을 합니다. 이러한 원칙을 바탕으로 만든 것이 '파워라이팅 구조'입니다. 이 파워라이팅의 글쓰기 원칙이 바로 프렙(PREP)입니다. 미국의 글쓰기 목표는 '효과적인 의사 전달'입니다. 미국의 영어교사협의회는 이 원칙을 단어, 문장, 문단에 일관되게 적용하여 교육하고 있습니다. 학년이 높아질수록 내용의 수준만 높아질 뿐 쓰기의 형식은 모두 같습니다. 학생뿐 아니라 직장인도 이 원칙이 적용됩니다. '결론부터 써라'라는 프렙 구조는 여기서 나온 것입니다.

프렙 구조는 보고서, 제안서, 기획서, 발표, 답변 등 모든 분야에 사용되고 있습니다. 재판에서 변호사나 검사가 사용하는 소장이나 판결문도 프렙 구조입니다. 프렙 구조는 그래서 '생존의 글쓰기'라고도 부릅니다. 초등학생들도 사용하는 육하원칙도 그 뿌리는 프렙 구조에 두고 있습니다. 육하원칙은 기사를 쓸 때 지켜야 할 기본 원칙으로 '누가', '언제', '어디서', '무엇을', '왜', '어떻게'의 여섯 가지를 이릅니다. 이 중에서 핵심 요소는 '무엇을', '왜', '어떻게'인데, 이것을 '핵심 정보 3세트'라고도 합니다. 육하원칙의 '무엇은'은 'P(Point, 주장)'이고, '왜' 또는 '어떻게'는 'R(Reason, 이유)'입니다. 여기에 'P(Point, 주장)'가 더해지고 '따라서'까지 나오니 프렙은 논리력과 최고의 전달력을 갖춘 구조가 됩니다.

(※이 내용은 임재춘의 《쓰기의 공식, 프렙!》(반니, 2019) 62~66쪽의 내용을 재인용하여 정리했습니다.)

## 2

# 내 아이가 글을 쓰기 어려웠던 이유

그 이유는 이렇습니다!

①글쓰기 경험이 없어 자신감이 부족하다.
②글쓰기 전에 생각을 하지 않는다.
③글의 형식(Template)을 파악하지 못한 채 글을 쓴다.

글쓰기가 두렵다는 학생들에게 물어보았습니다. 글쓰기 중에서도 가장 두려운 것이 무엇이냐고요. 그런데 의외의 답이 돌아옵니다. 주장하는 글이요! 논술이요! 논설문이요! 자기 생각을 이유를 들어서 쓰라고 하는 글이 가장 어렵다고 이야기합니다. 왜 어렵다고 했을까요? 다시 돌아온 답은 이렇습니다. '그냥 좋은데 이유를 말해야 하나요?', '죽기보다 더 싫은데 이유를 말해야 하나요?' 학생들이 싫어하는 것 중의 하나가 이유를 말하라는 것이라는 사실은 쓰기를 가르쳐보면 알게 됩니다. 특히나 주장하는 글쓰기를 가르치다 보면 '정말로 싫어하는구나'를 알게 됩니다. 초등학생만 그럴까요? 중학생도 고등학생도 마찬가지입니다. 본능적으로 생각하기를 피하고자 하는 것이 인간이라고 하지만, 너도나도 힘들다고 난리인 이유를 생각해보니 한 가지 분명한 것이 보입니다. 자신의 생각에 대한 이유를 찾기가 힘들어서가 아닐까? 자신의 생각이나 주장에 그 이유를 드러내는 글쓰기. 정말로 힘들어서 포기한다는 주장하는 글쓰기를 쉽게 지도할 방법을 살펴보고자 합니다. 글을 못 쓰는 이유는 다양합니다. 공책이 없어서, 연필이 나빠서, 글자를 잘 쓰지 못해서 등등. 그러나 언제까지 그럴 수는 없습니다. 학교에 다니게 되면 반드시 글을 써야만 하는 일이 생기기 때문입니다. 간단한 알림장 쓰기부터 간혹 검사를 받아야 하는 일기 쓰기, 책 읽고 독후감 쓰기에 이르면 항복을 하고 맙니다. '나 못 써!' 라고 말하며 울음을 터트리기도 합니다. 그렇다고 부모가 대신할 수도 없는 노릇입니다. 아이의 머릿속 생각을 잘 풀어내기가 쉽지 않은 건 부모도 마찬가지입니다.

학교 현장에서 쓰기를 가르치며 아이들이 글쓰기를 어려워하는 이유를 생각해보았습니다. 어느 학년을 가르치든 쓰라고 하면 공통적으로 하는 행동이 있습니다. 먼저 나라 잃은 표정을 짓거나 억지스러운 표정을 하고 공책을 펼치고 연필을 잡아듭니다. 다음으로 쓰기 주제를 설명하고 글을 쓰라고 하면 반 이상의 학생이 책상에 엎드립니다. 무언가 고민하고 생각한다는 나름의 표현입니다. 그러다 전후좌우 친구들의 공책을 보거나 심드렁한 표정으로 질문이 이어집니다. 몇 줄을 써야 하는가에서 원고지 몇 장인가, 쓰고 싶은 것을 써도 되는가, 검사를 받아야 하는가, 편지처럼 써도 되는가 등등. 이윽고 글 쓰는 시간이 지나고 달랑 석 줄뿐인 글부터 공책 반쪽 정도의 글이 대부분입니다. 왜 이런 현상이 나타날까요? 문제의 원인은 세 가지로 압축됩니다. 글쓰기 경험이 없어 자신감이 부족하거나, 글쓰기 전에 생각을 하지 않거나, 형식을 파악하지 못한 채 글을 쓰다 보니 글쓰기로부터 멀어졌던 것입니다. 이 내용을 좀 더 살펴보겠습니다.

## 1. 글쓰기 경험이 없어 자신감이 부족하다

글쓰기 경험이 없는 것은 초등학생뿐만이 아닙니다. 중고등학생을 포함한 모두가 그렇습니다. 생활 속에서 무언가를 써본 일이나 기회가 거의 없습니다. SNS상에 글을 올리거나 간단하게 문자를 보내는 것도 쓰기에 속합니다. 이를 포함해서 쓰기의 경험이나 시간이 절대적으로 부족한 것은 분명한 사실입니다. 심하게 표현하면 무엇인가를 진지하게 써본 경험이 거의 없습니다. 어떤 학생은 초등학교 졸업 이후 자신의 생각을 공책 한 바닥 정도로 써본 적이 없다고 말합니다. 어쩌다 글을 쓴다 하더라도 당장 제출해야 하는 학교 과제나 평가를 위한 경우가 대부분입니다.

코로나19 감염병으로 인한 원격 수업이 늘어갈수록 대부분의 학생들은 쓰는 것에 익숙하지 않은 교육 환경에 놓입니다. 이 문제는 초등학생들에게서만 나타나지 않습니다. 초등학교 때 이런 습관을 들인 채 중학교, 고등학교에 진학하게 되면 더욱더 글쓰기를 멀리하게 됩니다. 고기도 먹어본 사람이 잘 먹는다고 하는데, 학년이 올라갈수록 글쓰기 경험이 줄어든다면 이후의 문제는 점점 커질 겁니다.

사람은 누구나 하고 싶은 말이 있습니다. 그러나 하고 싶은 말을 글로 쓰는 건 생각처럼 쉽지 않습니다. 어쩌다 쓴 글을 보며 자신의 원래 생각과 다르다고 말합니다. 좀 더 심각해지면 쓰고 싶은 마음이 없거나 자기 생각이 없는 경우도 있습니다. 글을 쓰다가 모르는 게 나오거나 궁금한 게 있으면 스마트폰으로 찾아 그대로 적으면 된다고 말합니다. 그러다 어느 순간, 이렇게 글을 쓰면 내 생각이 아닌 남의 생각이 나의 머릿속에 쌓인다는 것을 알게 됩니다. 문제는 학년이 올라갈수록 글쓰기가 자주 등장한다는 것입니다. 일기, 독후감, 수행 평가, 논술형 평가 모두 쓰기입니다. 쓰기라고는 초등학교 1~2학년 때 해본 '받아쓰기'가 전부라는 학생도 종종 있습니다. 조금 더 낫다고 해도 일기나 독후감 쓰기 정도가 대부분입니다. 내 아이가 수영을 할 줄 모르는데 물에 빠졌다고 상상해봅시다. 글을 써본 경험이 절대적으로 부족하다는 사실은 글쓰기를 어렵게 하는 원인입니다. 글쓰기 경험의 부족이 글쓰기에 대한 자신감의 부족으로 연결되기 때문입니다.

어떤 상황에서든지 자신감은 최대의 무기입니다. 수업에서도, 운동에서도, 도전 정신에서도 가장 강력한 무기는 자신감입니다. 쓰기도 자신감이 필요합니다. 수업에서도 선생님들은 자신감을 가지고 쓰라고 하지만, 아이들은 어렵다며 '정말 생각한 대로 써도 되느냐?'고 묻습니다. 자신감이 부족한 학생들의 특징이 있습니다. 쓰기에 앞서 부모나 교사 혹은 주변 어른들에게서 먼저 답을 구합니다. 예를 들면 다음과 같은 질문들입니다. 이런 질문들을 보면 학부모들은 '정말?'이란 표정을 짓습니다만, 다음은 수업 현장에서 가장 많이 듣게 되는 질문들입니다.

"화장실에 가도 되나요?"
"색연필로 해도 되나요?"
"이 종이에 써도 되나요?"
"여기까지 써도 되나요?"
"이렇게 써도 되나요?"
"몇 줄까지 써야 하나요?"

끝도 없이 묻고 답을 구합니다. 좋은 질문이라면 좋겠지만, 이런 것을 좋은 질문이라고 하지 않습니다. 이런 질문은 자기 생각이나 행동에 대한 자신감이 부족해 나오는 것일뿐더러, 자기 판단을 믿지 못하고 있다는 증거입니다. 내가 본 것, 들은 것, 느낀 것마저도 남에게 답을 구하려고 합니다. 이것이 글쓰기를 방해하는 가장 근본적인 요소입니다. 글쓰기 지도를 하면서 가장 많이 만나는 장애물이면서 반드시 넘어서야 할 산이기도 합니다. 글을 쓰기 전에는 다음 몇 가지를 명심하기 바랍니다.

· 내가 생각한 것을 써라.
· 자신 있게 써라.
· 어떻게 써도 혼나지 않는다.

정답만을 찾으려는 습관을 고치는 데는 상당한 시간이 필요합니다. 그러나 글을 잘 쓰려면 자기 생각을 믿고 자신감을 가지는 것부터 시작해야 합니다.

그럼 이런 말을 하고 나면 아이들이 글을 잘 쓸 수 있을까? 아닙니다! 이것이 지도의 핵심입니다. 이 책은 이러한 문제를 해결하기 위해 구체적인 방법과 전략을 안내하고 있습니다.

## 2. 글쓰기 전에 생각을 하지 않는다

대부분의 글쓰기는 자신이 써야 할 내용을 먼저 이해하고, 상황을 연상하며 문제를 발견한 후, 자신의 생각과 연결하여 완성해가는 과정입니다. 문제는 이 상황에서 '조금 더 생각'해야 하는데, 그렇지 않고 있다는 사실입니다.

현장 학습을 다녀와 쓴 글의 내용은 천차만별입니다. 두세 줄 정도에서 쓰기를 그친 학생과 공책 한 바닥 혹은 그 이상을 쓴 학생들의 차이는 재주나 재능에서 오는 게 아닙니다. '조금 더' 생각하지 않은 데서 오는 차이입니다. 같은 내용의 과제를 하는데도 이렇게 큰 차이를 보이는 이유는 무엇일까요? 문제는 대부분 다음 세 가지 중 하나입니다.

첫째, 글을 쓰기 전에 무엇을 어떻게 써야 할지 생각하지 않았다.

둘째, 있었던 사실이나 기억을 나열한 정도에 그쳤다.

셋째, 어떻게 써야 하는가에 대한 자세한 방법이나 전략을 배우지 못한 상태에서 무작정 썼다.

글을 써야 하는 학생은 쓰기 경험이나 방법에 대한 안내 없이 무작정 쓰라고만 하니 답답했을 것입니다. 글을 쓰는 입장에서 보면 얼마나 힘들었을지 쉽게 이해가 됩니다.

자기 생각을 표현하는 일에 정답은 없습니다. 글을 쓰려면 좀 더 다르게 생각해봐야 하는 것이 당연합니다. 그러기 위해서는 어려서부터 글쓰기에 대한 흥미나 관심을 갖게 해주어야 합니다. 그다음에 구체적인 방법이나 전략을 가르쳐주어야 합니다. 마지막으로 글을 쓰는 목적이나 방법과 형식을 결정하고, 자신만의 관점이나 생각을 쓰라고 말해주어야 합니다. 그러나 이런 절차를 무시하고 무작정 쓰라고만 한다면, 아이들은 정답을 찾느라 자기 생각을 제대로 쓰지 못할 겁니다.

쓰기에서 중요한 것은 스스로 주제를 선택하고, 자신이 알고 있는 지식을 재구성하여 전개하고, 의견을 만들어내는 힘을 기르는 것입니다. 쓰기에 정답은 없습니다. 정답이 없어서 쓰는 사람 각자의 개성이 드러납니다. 그래서 글쓰기는 학생들의 사고력, 즉 생각하는 힘을 기르는 데 가장 효과적인 방법이라고 말합니다. 문제 풀이에 익숙한 학생일수록 이런 장애물에서 벗어나기 힘들어 합니다. 교사나 부모가 원하는 답을 찾아 쓰려는 생각에 '쓰지' 않고 '지으려고' 한 게 글에서 그대로 드러납니다. 흔히 이야기하던 '글짓기'는 이제 사라지고 없습니다. 글을 '짓는' 것이 아니라 '쓰는' 글쓰기만 남아 있습니다. 그러나 아직도 많은 학생이 자기 생각을 '쓰기'보다는 '짓거나' 백과사전처럼 설명하고 나열하는 글을 씁니다. 자신의 감정이나 생각보다는 정답이 있는 것처럼 판에 박힌 글을 지어내고 있습니다. 이런 글은 결국 자신도 그 내용을 이해하지 못하고 주어진 주제에 대한 글의 분량을 다 채웠다는 만족감만 남깁니다. 정해진 답안지를 읽는 듯하여 감동이나 감상을 느끼기 어렵습니다.

## 3. 글의 형식을 파악하지 못한 채 글을 쓴다

모든 글에는 일정한 형식이 있습니다. 형식을 모르고 쓴다는 것은 눈을 감고 길을 가는 것과 같습니다. 답을 쓰려고 하기보다는 내가 쓰고자 하는 글의 형식을 알고 써야 합니다. 일기도 형식이 있고, 독후감도 형식이 있고, 주장하는 글도 서론, 본론, 결론과 같은 형식이 있습니다. 형식이란 어려운 말이 아닙니다. 내가 쓰고자 하는 글에 일정한 방법과 짜여진 구조가 있다는 뜻입니다. 일기라면 쓴 날짜와 하루 중 겪은 일을 시간 순서로 쓰는 것이 일반적인 형식입니다. 편지글도 형식이 있습니다. 첫 인사, 하고 싶은 말, 끝인사, 쓴 날짜를 적어가는 누구나 아는 형식이 있습니다. 마찬가지로 주장하는 글을 쓴다고 하면 주장하는 글의 형식에 맞게 써야 합니다. 이렇듯 글에는 형식이 있다는 사실을 알고 써야 하는데 모르고 쓰는 학생이 많습니다. 형식을 모르고 쓰면 어디서 시작하여 어디서 마쳐야 할지를 모르고 쓰는 것과 같게 됩니다. 형식을 모르고 쓴 글은 하고 싶은 이야기가 빠져 있거나, 다른 사람들이 이해하기 어렵거나, 같은 말을 반복하는 글을 쓰게 됩니다. 아이들의 글쓰기가 어렵다는 말은 형식을 모른다는 말과도 일치합니다. 형식을 안다면 어렵다는 말을 하지 않습니다. 초등학생들이 가장 쓰기 편하다고 말하는 형식은 편지글입니다. 편지글은 받는 사람과 쓰는 사람이 분명하고, 전하고자 하는 내용이 반드시 있어야 하는 형식을 취하기 때문입니다. 일기, 독후감, 주장하는 글, 토론을 위한 입론 등도 모두 형식이 있습니다. 이런 글의 형식을 알고 써야 쓰기 쉽고, 상대방이 이해하기 쉬운 글을 쓸 수 있습니다. 일정한 형식을 갖춘 글은 누가 읽어도 이해가 쉽고 잘 읽힙니다. 읽어도 그 내용을 알기 어렵고, 쉽게 읽기 어렵다면 그 글은 형식에서 벗어난 글입니다.

이 책은 상대방을 설득하고 바람직한 의사소통을 위해 프렙이라는 글의 구조를 제안하고 그 형식과 쓰는 방법에 대해 이야기 하고 있습니다. 이 구조는 주장-이유-사례-재주장의 4단계로 이루어진 쓰기 구조입니다. 간단하지만 자신이 전달하거나 말하고자 하는 내용을 담아내는 데 강한 설득력을 가진 구조입니다.

이상의 세 가지 원인을 살펴보면 다음과 같은 악순환의 구조를 알게 됩니다. 이런 악순환을 하루빨리 깨야 합니다.

**[내 아이가 글을 못 쓰는 악순환 구조]**

**1단계 : 자신감의 절대 부족**

→ 쓰고 싶은 것이 있으나 써지지 않는다.

→ 뭔가에 억눌려 있어 답답해한다.

→ 판에 박힌 듯한 표현이 많다.

**2단계 : 관심과 흥미 상실**

→ 쓰고 싶은 의욕이 없다.

→ 쓰기를 답안 작성처럼 생각한다.

→ 쓰기가 아닌 짓기를 하려고 한다.

**3단계 : 포기**

→ 글에서 내 생각이 보이지 않는다.

→ 글쓰기 포기!

→ 글쓰기 항복 선언!

**[현장 사례 보기]**

글쓰기를 싫어하는 학생의 이야기

다음은 글쓰기를 싫어하는 학생들의 이야기를 프렙 구조로 정리한 것입니다. 글쓰기를 싫어하는 학생들은 다음의 세 가지 말, 즉 '또 써요?', '어떻게 써요?', '몇 줄 써요?' 반복적이고 습관적으로 하고 있습니다.

"또 써요?" 라고 말하는 아이들

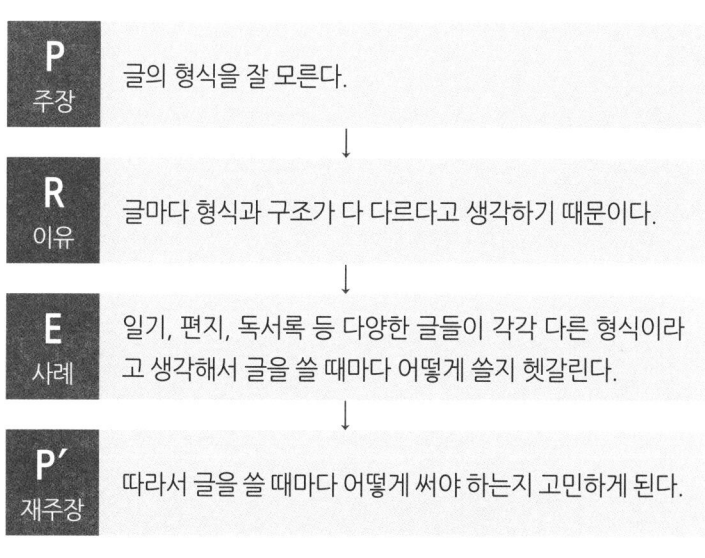

| | |
|---|---|
| P 주장 | 글쓰기에 대한 자신감이 부족하다. |
| ↓ | |
| R 이유 | 글을 써본 경험이 없기 때문이다. |
| ↓ | |
| E 사례 | 손편지나 일기 쓰기 같은 활동이 문자나 채팅으로 이동하며, 이모티콘이나 줄임말이 긴 글을 대신하고 있다. |
| ↓ | |
| P′ 재주장 | 따라서 "또 써요?"라는 말로 자신의 자신감 부족을 표현한다. |

"어떻게 써요?" 라고 말하는 아이들

| | |
|---|---|
| P 주장 | 글의 형식을 잘 모른다. |
| ↓ | |
| R 이유 | 글마다 형식과 구조가 다 다르다고 생각하기 때문이다. |
| ↓ | |
| E 사례 | 일기, 편지, 독서록 등 다양한 글들이 각각 다른 형식이라고 생각해서 글을 쓸 때마다 어떻게 쓸지 헷갈린다. |
| ↓ | |
| P′ 재주장 | 따라서 글을 쓸 때마다 어떻게 써야 하는지 고민하게 된다. |

"몇 줄 써요?" 라고 말하는 아이들

| | |
|---|---|
| **P** 주장 | 분량에 대한 부담을 느낀다. |
| ↓ | |
| **R** 이유 | 왜냐하면 긴 글을 쓸 수 있는 비법을 모르기 때문이다. |
| ↓ | |
| **E** 사례 | 아이들의 글을 보면 줄 수 채우느라 했던 말을 또 하기도 하고, 관련 없는 말을 줄줄 늘어놓는 경우도 많다. |
| ↓ | |
| **P′** 재주장 | 따라서 분량에 대한 부담이 네비게이션 없이 경로를 이탈한 일관성 없고 비논리적인 글을 쓰게 한다. |

※주) 프렙쓰기를 지도할 때 학생들이 가장 헷갈렸던 부분은 P가 처음과 마지막에 두 번 나오는 것이었다. 본 책에서는 학생들에게 마지막 결론 부분인 재주장의 P를 가정에서 지도할 때 혼동하지 않도록 하기 위해 P′를 표기하였음을 미리 밝힌다. 즉, 프렙의 PREP를 본 책에서는 PREP′로 구분하여 표기하였다.

# 3

# 내 아이가 글을
# 잘 쓰는 방법

①글 쓰는 기회를 늘리고 재미와 맛을 느껴야 한다.

②아이가 쓴 글에 공감하고 칭찬하면, 아이도 스스로 생각한다.

③글의 형식을 알면, 글쓰기가 편하고 쉽다.

지금의 초등학생들은 미래 사회를 살아가기 위해 무엇을 갖춰야 할까요? 학자들마다 서로 다른 의견이 있지만, 다음의 한 가지는 같은 생각이라고 말합니다.

먼저 지금의 초등학생들은 '평생 학습'을 해야 생존이 가능한 시대를 살아갈 것 입니다. 대학을 졸업하고 직장에 취직해서 은퇴할 때까지 일만 하는 삶이 아니라, 평생을 공부하면서 살아야 하는 세대라고 말합니다. 이들은 과학기술과 사회적인 변화로 예전과는 전혀 다른 세상을 살아갈 세대입니다. 따라서 이들에게 배움이란 생존의 도구가 됩니다. 학습을 멀리하면 원하는 삶을 살기 어려운 세대입니다. 부모 세대와는 다르게 나만의 생각을 상대에게 분명하고 논리적으로 전달하고 설득하는 쓰기 능력이 요구되는 시대를 살아가야 합니다. 미래 사회로 갈수록 쓰기도 편해지겠다고 생각하지만, 자기 생각을 대신할 것은 세상에 없습니다. 따라서 인간 스스로 쓰기 문제를 해결해야 합니다. 쓰기에 대한 사회적 요구는 점점 더 커질 겁니다. 많이 배운 사람이나 전문 분야 종사자나 특정한 재능이 있어야만 글을 쓸 수 있다는 생각은 버려야 합니다. 지금부터라도 내 아이가 글쓰기를 좋아하게 만들어야 합니다. 이제 내 아이가 글을 잘 쓸 수 있는 방법을 살펴봅시다.

## 1. 글쓰는 기회를 늘리고 재미와 맛을 느껴야 한다

일상생활에서 글을 쓰는 기회를 늘려야 합니다. 우리는 생각보다 많은 글쓰기를 하고 있습니다. 학교에서 200자 원고지에 쓰는 것만이 글쓰기가 아닙니다. 스마트폰으로 문자를 보내는 것도 쓰기고, 메모지에 글자를 끄적이는 것도 쓰기입니다. 알림장도 쓰기고, 공책에 필기하는 것도 쓰기의 하나입니다.

글을 쓰는 기회를 늘려서 아이에게 글 쓸 때의 즐거움과 맛을 알게 해야 합니다. 예를 들면 현장 학습을 떠나는 아이의 도시락에 편지를 넣어준다든지, 아이 숙제를 본 감상을 써서 붙여준다든지, 아이가 읽은 책에 감상과 대견함을 적어주는 일 등입니다. 이런 경우 긴 이야기가 필요 없습니다. 메모지에 간단하게 적어주면 됩니다. 이런 글을 읽은 아이들은 글로 반응을 하게 됩니다. 자신도 간단하게 감사의 편지를 쓰게 되는 거죠. 이는 글쓰기로 서로의 감정을 전달하는 기쁨과 맛을 나누는 일입니다. 이 방법을 매일 하기는 어렵지만, 1년에 한 번 쓰는 사람보다는 아이가 글을 잘 쓰게 만들고 글의 중요성을 알게 하는 데 유리합니다. 이 간단한 방법은 글쓰기의 목적과 효과를 정확히 알게 합니다. 아주 사소하더라도 글쓰기로 아이에게 부모의 생각을 전달해보는 것이 중요합니다. 그리고 아이의 반응을 살펴보세요. 요즘 많이 하는 SNS에 댓글이 달렸을 때와 댓글이 없을 때를 비교해보면 쉽게 이해할 겁니다. 아이도 마찬가지입니다. 오히려 어른보다 아이들이 더 즐겁고 기쁘게 반응합니다.

## 2. 아이가 쓴 글에 공감하고 칭찬하면, 아이도 스스로 생각한다

아이의 글에 공감하고 칭찬하기를 자주 해야 합니다. 마음에 들지 않더라도 참아야 합니다. 아이가 글을 쓰면 부모는 그 글을 읽고 공감해주어야 합니다. 부모의 공감을 얻으면 아이는 자신감이 생긴다고 합니다. 이제 아이들은 자신이 쓴 글을 읽은 사람의 반응을 흥분된 마음으로 기다리게 될 겁니다. 어른도 아이도 자신이 쓴 글에 대한 반응이 없다면, 계속해서 글을 쓰기 어렵습니다. 칭찬의 효과입니다. 다음의 방법을 실천해보세요.

먼저 아이가 쓴 내용에 공감해야 합니다. 글쓰기에서 '공감'은 중요한 키워드입니다. 예를 들면, "엄마도 그렇게 느꼈어", "아빠도 어렸을 때 같은 일이 있었어"라고 말하는 겁니다. 아이에게 공감을 표시해주면 아이는 '글쓰기란 부모가 내 생각과 마음을 알아주는 것'이라고 생각하게 됩니다. 내 생각이나 감정을 알아주는 상대가 있으니 글을 쓰는 게 더욱더 재미있어 흥미와 관심이 생깁니다. 초등학생 특히나 저학년에게 가장 중요한 것은 '흥미'와 '관심'입니다. 이 두 가지가 빠지면 무엇이든 지속하기 힘들지요.

다음으로 칭찬해주기입니다. 아이가 쓴 표현에 대해 칭찬해주어야 합니다. 부모로서는 어려운 일입니다. 아이의 글쓰기 교육을 어려워하는 부모에게 가장 많이 듣는 말이 "내 아이가 쓴 글에서는 칭찬해줄 것이 안 보인다"입니다. 그러나 부글거리는 마음을 다잡고 칭찬거리를 찾아 이야기해주어야 합니다.

"여기는 엄마도 영화를 보는 느낌이 들 정도로 잘 표현했구나!"
"이건 정말 개성 있는 표현이다."
"멋지네."

"대단한데?"

"와우, 엄마도 생각하기 어려운 표현을 이렇게 하다니, 대박~!"

"이거 쓰기가 어려운 받침인데 틀리지 않고 잘 쓰네…."

"지난번 글보다 훨씬 읽기가 편한데…."

이럴 때마다 아이들은 '쓰기는 칭찬받는 것'이란 생각을 하게 됩니다. 그렇다면 아이들이 쓴 글 중 어느 부분을 칭찬하면 좋을까요? 당연한 말이지만 아이가 잘 쓴 부분을 찾아 칭찬해야 합니다. 그럼, 잘 쓴 부분이란 무엇일까요?

"이 쉼표는 적절한 곳에 잘 썼구나!"

"이곳에는 아주 적절하게 속담을 잘 썼구나!"

"이건 말하는 것처럼 생생한 문장으로 잘 썼구나."

부모가 밑줄을 치면서 칭찬해주면, 아이들은 그 부분이 '왜 칭찬을 받았나'를 생각하게 됩니다. 이런 칭찬이 계속되어야 합니다. 칭찬을 받은 아이는 더 많은 칭찬을 받기 위해 지금보다 더 많은 생각을 하게 됩니다.

반대로 아이의 글을 읽고 하면 안 되는 것도 있습니다. 아이가 쓴 글을 보자마자 혼내는 부모가 생각보다 많습니다. 예를 들면 다음과 같은 말입니다.

"왜 맨날 똑같은 것만 쓰니?"

"왜 이렇게 글씨를 못 쓰니?"

"왜 이렇게 글이 짧아! 이것 말고 다른 생각은 못 해?"

"이 글자는 이렇게 쓰는 게 아니라고 했지?"

"이 글자 정말 예쁘게 잘 썼구나!"

"다~잘 이해하겠는데 여기가 잘 이해가 안 되니 다시 써볼까?"

이런 말은 누구에게 듣더라도 기분이 좋을 수 없습니다. 그러나 어떤 아이는 부모의 입에서 이런 얘기가 날마다 나온다고 합니다. 특히 쓰기를 할 때는 더 많이 나온다고요. 부정하고 싶지만 현실입니다.

아이가 쓴 글 자체를 두고 혼내는 건 좋지 않습니다. 그런 말을 듣는 순간 아이는 생각을 닫아버리고 맙니다. 아이가 아빠한테 혼난 이야기를 썼다고 해봅시다. 대부분의 부모는 "왜 이런 걸 써?"라고 말하겠지요. 이런 경우라면 "이 글을 읽고 나니 너의 기분을 잘 이해할 수 있겠다"라고 말해주는 게 더 좋습니다. 자신이 쓴 글에 대해 기분 나쁜 말을 들은 아이는 정직하고 솔직하게 글을 쓰지 않습니다. 생각이 닫혀버리기 때문입니다.

글쓰기에 대한 부모의 적극적인 칭찬과 격려, 그리고 아이의 글에 대한 부모의 적극적인 반응은 아이의 글쓰기에 긍정적인 영향을 미칩니다. 글쓰기를 통해서 길러져야 하는 것은 내 아이가 가진 '생각의 성장'입니다. 성장은 남과의 비교가 아니라, 아이가 글을 쓰기 시작하면서부터 지금까지를 비교하는 것이 효과적입니다. 그래야 아이가 글쓰기를 즐거워하며, 자기 생각을 솔직하게 드러내기 시작할 겁니다.

## 글쓰기 할 때 내 아이에게 이런 말과 행동은 NO!

"너는 생각도 없어?" 무심코 던진 말에 아이들은 충격을 받습니다. 생각이 없다는 말은 "너는 사람도 아냐!"라는 말과도 같기 때문입니다. 다음은 아이들이 글쓰기를 하면서 가장 듣기 싫은 말과 가장 듣고 싶은 말입니다. 다음의 내용을 참고해 아이에게 도움이 되는 말을 해주었으면 합니다. 다음은 필자들이 학교 현장에서 수집한 내용임을 밝힙니다.

[글쓰기 할 때 가장 듣기 싫은 말]

"너는 생각도 없어?"

"자세를 바르게 해야 한다고 했지?"

"공책이 어디 있는지도 몰라?"

"대체 받침이 있어, 없어?"

"발로 써도 이것보다 낫겠다."

"띄어쓰기를 이렇게 못 해서 어떻게 하니?"

"겨우 세 줄 쓰고 다 썼다고?"

"하루 종일 놀고 나서 일기를 썼는데 이 모양이야?"
"너 그러다 논술로 대학 못 간다. 알아서 해라."
"글 못 쓰면 뭐 해 먹고 살려고 그래?"
"매일 먹는 김치, 된장찌개도 틀리게 쓰면 어떻게 해?"
"대체 무슨 생각으로 쓰기에 이 모양이야?"
"그러니까 텔레비전 그만 보라고 했지?"
"5학년인데 독후감도 못 쓰면 중학교는 어떻게 다닐래?"

[글쓰기 할 때 가장 듣고 싶은 말]
"아이구, 이 글이 정말로 우리 아들(딸)이 쓴 글이야?"
"야아, 이런 표현은 시인도 못 쓰는 건데, 대박!"
"대박이네. 2학년이 이렇게 길게 쓰다니!"
"읽을수록 참 멋지게 썼네. 정말 잘했어요."
"5학년인 우리 애가 쓴 글이 신문 사설보다 낫네. 그렇지?"
"아빠도 이런 글은 처음 읽어보는데, 정말 감동이다."
"장하네. 이렇게 짧은 시간에 이 정도로 쓰다니!"
"책을 많이 읽더니 글솜씨가 나날이 좋아지네."
"와우, 공책 한 권을 다 썼네. 장하다 우리 딸(아들)!"
"○○아, 이건 아빠가 쓴 글인데 읽어보고 고쳐줄래?"
"앞으로 우리 집의 글은 모두 우리 딸(아들)이 쓴다!"
"글을 잘 쓰더니 이젠 성적도 쑥쑥이네."

"엄마 아빠는 네 카톡이나 문자를 받으면 힘이 난단다!"
"어제 아빠 차에 써 넣어준 쪽지 덕분에 엄청 행복했단다."
"엄마 생일카드에 네가 써준 글을 보고 감동했어!"

## 3. 글의 형식을 알면, 글쓰기가 편하고 쉽다

글쓰기를 배울 때 가장 많은 듣는 말은 무엇일까요? 반대로 글쓰기를 가르치는 입장에서 가장 많이 하는 말은 무엇일까요?

"자유롭게 써라!"
"네 생각을 써라!"
"감정을 살려서 써라."

글을 쓰는 사람의 마음을 편안하게 해주려고 이런 말을 합니다. 그렇다면 글을 쓰는 사람은 실제로 그렇게 생각할까요? 그렇지 않습니다. 자유롭게 쓴다는 게 무엇일까요? 쓰고 싶은 대로 쓰면 된다는 말인지, 주제와 상관없이 써도 된다는 말인지, 내가 쓰고 싶은 분량만큼 써도 된다는 말인지 이해가 되지 않습니다. '네 생각을 써라'도 마찬가지입니다. 생각이 정리되지 않았으니 좋은 글을 쓰기도 어렵습니다. 글에는 방향과 논리가 있어야 합니다. 방향과 논리에 나만의 생각이 분명하게 드러나야 좋은 글이 됩니다. 시간 순서도 마찬가지입니다. 하루에 있었던 일을 시간 순서대로만 쓴다면, 자유롭게 생각을 마음껏 펼치기 어렵습니다. 하루에 있었던 일은 주로 시간 순서보다는 중요한 사건을 중심으로 기억하는 일이 더 많습니다. 아무런 제재 없이 자유롭게 쓴 글은 자기만족은 가능합니다만, 좋은 글은 아닙니다. 이는 글쓰기 지도의 어려운 점입니다. 그러면 어떻게 쓰라고 해야 할까요?

음식 만들기에 레시피가 있듯이, 글쓰기에도 레시피가 있습니다. 글을 쓸 때 먼저 생각해야 할 것은 '내가 쓰는 글은 어떤 형식이 적절한가'를 결정하는 일입니다. 글쓰기의 형식은 글을 쓰는 나를 위한 것이기도 하지만, 내 글을 읽는 사람이 이해하기 쉽게 하기 위한 방식이기도 합니다. 요리 경험이 없는 사람에게 여러 가지 재료를 주고 마음껏 요리를 해보라고 한다면 제대로 된 요리가 가능할까요? 이때 필요한 것은 레시피입니다. 레시피는 요리를 만드는 순서와 방법을 알려줍니다. 글도 마찬가지입니다. 아무리 좋은 주제가 있더라도 글의 구성 방법과 과정을 알려주는 형식이 있어야 합니다. 이런 것을 모르고 글을 쓰게 되면, 글쓰기는 참으로 고통스러운 과정이 됩니다. 이 책에서는 글쓰기 문제의 해결 방법으로 '프렙'이라는 쓰기 구조를 제시하고, 글쓰기 지도 방법을 소개합니다.

# 4

# 내 아이의 글쓰기 규칙을 만들자

①쓰기 연습 시간을 정하자.

②무엇이든 자유롭게 쓰자.

③쓴 글을 보관하고 변화를 관찰하자.

④매일 정해진 시간 안에 쓰게 하자.

⑤글쓰기 선순환 규칙을 만들자.

가정에서 글쓰기 연습을 하려면 몇 가지 규칙이 필요합니다. 아이나 지도하는 부모의 긴장도가 학교와는 다를 수 있습니다. 가정에서 쓰기 연습을 지속하는 건 말처럼 쉬운 일이 아닙니다. 아이와 부모 사이에 확고한 약속이 먼저 이루어져야 합니다. 그 약속을 바탕으로 일정한 시간에 일정한 양의 글쓰기를 꾸준하게 해야 합니다. 매일매일 약속을 지키면서 아이가 글쓰기 연습을 통해 달라지는 모습을 보는 것은 큰 기쁨입니다. 이제부터 구체적인 실천 방법을 소개하겠습니다.

## 1. 쓰기 연습 시간을 정하자

먼저 연습 시간을 정합니다. 시간은 일정한 간격으로 누구에게나 똑같이 주어집니다. 그러나 그 시간을 어떻게 사용하는가에 따라서 시간의 속도는 사람마다 다르게 느껴집니다. 즐거운 일이나 하고 싶은 일을 할 때는 언제 시간이 가는지 모르게 갑니다. 반대로 어렵고 힘들고 짜증나는 일을 할 때는 10분도 하루같이 길게 느껴집니다. 쓰기 연습 시간은 아이의 수준이나 학년, 성향에 따라서 다릅니다. 글쓰기에 익숙한 아이라면 하루 60분 정도도 가능하지만, 그렇지 못한 아이나 이제 막 글쓰기를 시작한 아이의 경우엔 하루 10분도 긴 시간입니다.

필자는 '자기 학년 수×10분' 정도가 적절한 연습 시간이라고 생각합니다. 1학년이면 하루 10분이라 짧다고 생각할 수도 있지만, 6학년이 되면 60분이니 결코 짧은 시간이 아닙니다. 이처럼 가정에서 먼저 아이와 일정한 시간을 정하고 글쓰기 연습을 시작하기 바랍니다. 처음에는 그 시간이 길고 지루할 수 있으나, 흥미를 갖고 발전하게 되면, 쓰기 연습 시간이 점점 더 길어질 것입니다.

물론 아이의 개인차나 흥미도에 따라서 연습 시간은 조절할 수 있습니다. 다만 연습은 꾸준하게 해야 합니다.

## 2. 무엇이든 자유롭게 쓰자

다음으로 무엇을 쓸 것인가를 정합니다. 글쓰기 연습을 통해 기르고자 하는 것은 기술이 아닙니다. 사고력이나 관찰력 등을 기르고자 하는 것이지요. 아이마다 가정에서의 글쓰기 목표가 다를 수 있습니다. 내 아이에게 필요한 몇 가지를 정해 집중하는 것이 좋습니다.

글쓰기 소재는 다양하기보다는 작은 소재 하나에 집중해 쓰는 것이 효과적입니다. 아이가 글을 쓸 때 가장 많이 하는 질문은 '무엇을 쓰느냐'입니다. 무엇을 쓰라고 정해준다고 잘 쓰는 것도 아닙니다. 이 질문에는 '선생님이 무엇을 쓰라고 했으니, 나는 그에 적절한 답을 쓰면 된다'는 의도가 숨어 있습니다. 다시 말하지만, 글쓰기는 답안지를 작성하는 것이 아닙니다. 글쓰기는 내 생각을 드러내는 일입니다. 무엇을 쓸 것인지를 정할 때는 아이나 부모의 생각이 '열려' 있어야 합니다. 글쓰기 소재도 아이 스스로 결정하는 연습이 필요합니다. 이때 부모는 아이가 선택한 소재가 너무 광범위하지는 않는지 살펴야 합니다. 예를 들어, '운동회'를 마친 소감을 쓰라고 하기보다는 운동회에서 실수한 것이나 운동회 무용을 본 소감, 운동회 때 아이들의 응원 모습 등 범위를 좁혀 글을 쓰게 하는 것이 좋습니다. 이런 연습을 통해 아이는 주어진 내용에 대해 쓰는 단계에서 스스로 선택하여 글을 쓰는 단계로 발전하게 됩니다. 이런 과정을 거치게 하는 것이 부모의 역할입니다.

## 3. 쓴 글을 보관하고 변화를 관찰하자

쓰기 연습을 할 때는 초등학생용 줄 공책이 좋습니다. 공책의 첫 면부터 쓰기보다는 첫 면을 비우고 두 번째 면부터 쓰는 것이 좋습니다. 그러면 공책의 양면을 한눈에 볼 수 있습니다. 아이가 먼저 왼쪽 면에 글을 쓰고, 거기에 부모의 지도 내용이나 질문을 자유롭게 수정 · 보충하면, 그 내용을 바탕으로 오른쪽 면에 다시 한 번 정리합니다. 그러면 연습 시간에 무엇을 쓰고 고치고 정리했는지를 단번에 확인할 수 있습니다. 이 책에서 소개하는 글쓰기 방법을 가정에서 지도할 경우 이런 식으로 공책에 정리하게 하고 연습한 날짜와 연습 시간을 기록해두는 게 좋습니다.

아울러 이 공책 버리지 말고, 보관하기 바랍니다. 부모는 글쓰기 연습 과정이 담겨 있는 공책을 통해 글쓰기, 쓴 글 수정하고 정리하기, 생각하기 등 아이의 변화를 직접 확인할 수 있기 때문입니다. 또한 아이는 하루하루 발전하는 자신의 글을 보면서 자신감을 가질 수 있기 때문입니다.

## 4. 매일 정해진 시간 안에 쓰게 하자

글쓰기는 시간과의 싸움입니다. '마감 시간이 되어야 글이 써진다'는 말이 있을 정도입니다. 학교에서 내는 글쓰기 과제는 일정한 시간 안에 완성해야 합니다. 보고서도 마감일이 있고, 서술형 평가도 정해진 시간 안에 마무리해야 합니다. 마감 시간이나 시험 시간을 넘기면 불이익을 당합니다.

가정에서도 무한정 시간을 주기보다 몇 분 안에 쓰도록 하는 약속이 필요합니다. 연습하면서 '쓰기는 정해진 주제를 정해진 시간 안에 완성하는 것이다'라는 생각을 갖게 하는 것이 필요합니다. '일기는 15분 안에 공책 두 바닥 정도를 쓰기'처럼 구체적으로 정해야 쓰기에 집중하게 됩니다. '언젠가 다 쓰겠지'가 아니라 주어진 소재에 대해 일정한 시간 안에 쓸 수 있도록 연습해야 합니다. 글쓰기 시간을 정해주면 아이는 그 시간 안에 글을 완성하기 위해 압박감을 갖기보다, 자기 생각에 집중하여 글을 완성하게 됩니다.

## 5. 글쓰기 선순환 구조를 만들자

좋은 규칙을 정하여 반복하면, 더 좋은 일로 계속하여 반복되는 선순환이 일어납니다. 가정에서는 아이와 글쓰기의 선순환 규칙을 만든 다음, 글쓰기를 시작하는 것이 매우 효과적입니다. '좋은 것은 계속 이어져서 더 좋은 것으로 발전한다'는 간단한 규칙은 글쓰기에서도 필요하지요. 글쓰기 선순환 규칙이 만들어지고 나면, 아이의 글쓰기는 놀랍도록 변화합니다.

- 아이가 글을 쓰면 먼저 칭찬한다.
- 칭찬을 받은 아이는 자신감이 생긴다.
- 자신감이 생기면 쓰기가 재밌어지고 잘 쓸 수 있다.

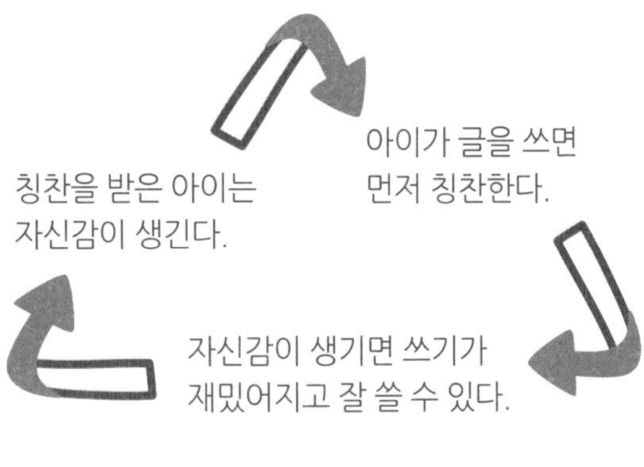
아이가 글을 쓰면
먼저 칭찬한다.
칭찬을 받은 아이는
자신감이 생긴다.
자신감이 생기면 쓰기가
재밌어지고 잘 쓸 수 있다.

이런 선순환 규칙을 만들어주는 것이 좋습니다. 그렇다면 어떻게 선순환 규칙을 만들까요? 먼저 아이가 쓰기 전에 어떤 행동을 하는지 살펴보아야 합니다. 쓰기 연습을 하며 즐기는 표정을 짓거나 적극적이고 능동적인 행동을 한다면 먼저 칭찬을 해주어야 합니다.

"쓰기를 기다리고 있었구나?"
"오늘은 어떤 글을 써볼까?"
"피곤할 텐데 오늘도 약속을 지켜줘서 고마워."

이런 칭찬은 아이에게 힘이 나게 합니다. 다음으로 글을 쓰는 과정을 지켜보면서 적극적인 칭찬과 격려를 해야 합니다. 시간을 잘 지키는지, 집중을 하는지, 글을 쓰며 어려워하는 건 없는지, 어떤 질문을 하는지 등을 살피면서 격려와 칭찬이 이어져야 합니다. 마지막으로 글을 다 쓰고 나서는 글의 내용이나 분량 혹은 띄어쓰기나 맞춤법에 대한 지적보다, 쓰기 연습을 약속대로 마친 점을 먼저 칭찬 해주어야 합니다. 글의 내용이나 맞춤법, 띄어쓰기 등에 대한 지적은 쓰기를 지루하게 만들고 싫증내게 합니다. 특히 초등학생의 경우 정해진 시간 안에 쓰기를 마친 점, 매일 약속대로 쓰기를 한 점, 자유로운 소재를 선택하여 쓰기를 한 점에 대해 먼저 칭찬을 하는 것이 글쓰기 연습을 지속하는 데 매우 효과적입니다. 이런 점을 고려하여 선순환이 계속해서 이루어지게 하는 것이 좋습니다.

## ★☆ 글쓰기에도 공식이 있다! ☆★
## - 프렙 구조로 글을 써야 하는 이유

1) 글쓰기에 대한 마음 = 두려움 & 불안함

⇒ 하지만 프렙으로 글을 쓴다면…?

| | |
|---|---|
| **P** 주장 | 도전이 쉽다. |
| | ↓ |
| **R** 이유 | 왜냐하면 누구나 이해하기 쉬운 샘플이 있기 때문이다. |
| | ↓ |
| **E** 사례 | 예를 들어 P: 주장, R: 근거, E: 예시, P': 재주장처럼 프렙 각 단계에서 무엇을 써야 하는지가 분명하다. |
| | ↓ |
| **P′** 재주장 | 따라서 두려움과 불안함을 떨치고 누구나 쉽게 따라 쓸 수 있다. |

### 2) 글쓰기 과정 = 갈팡질팡 & 힘듦

⇒ 하지만 프렙으로 글을 쓴다면…?

**P** 주장

딴 길로 새지 않는다.

↓

**R** 이유

왜냐하면 이끌어주는 말이 있어 호응에 맞게 쓸 수 있기 때문이다.

↓

**E** 사례

예를 들어 <P : 나는 ○○이다, R : 왜냐하면 ○○ 때문이다, E : 예를 들어 ○○이다, P' : 따라서 ○○이다>에 따라 문장을 쓰게 되어 괄호 넣기처럼 쉽게 쓸 수 있다.

↓

**P′** 재주장

따라서 갈팡질팡하지 않고 힘들지 않게 일관성 있는 글을 쓸 수 있다.

### 3) 글쓰기 내용 = 비슷비슷 & 부끄러움

⇒ 하지만 프렙으로 글을 쓴다면…?

| | |
|---|---|
| **P** 주장 | 논술의 끝판왕이 된다. |
| ↓ | |
| **R** 이유 | 왜냐하면 프렙 구조에 논술 평가 요소가 모두 들어 있기 때문이다. |
| ↓ | |
| **E** 사례 | 예를 들어 논술평가 채점표를 보면 주장의 일관성, 근거의 적절성, 논리적인 문장 체계가 주요 요소인데, 이 모든 것은 프렙으로 해결할 수 있다. |
| ↓ | |
| **P′** 재주장 | 따라서 프렙으로 글을 쓰면 누구나 자신 있게 논술까지 정복할 수 있다. |

# 3장

# How?

## 프렙, 어떻게 써야 하나요?

이 장에서는 프랩(PREP) 쓰기를 구체적으로 어떻게 써야 할지에 대해 살펴보고자 합니다. 본격적으로 쓰기 전에 먼저 말로 하는 연습을 하고 쓰기를 시작합니다. 그 이후에 프렙 쓰기의 단계별 연습을 하도록 합니다. 즉, 주장 - 이유 - 사례 - 재주장의 순서로 구체적인 쓰기 방법을 살펴보겠습니다. 더불어 주장하는 글의 찬성-반대로 나누어서 프렙으로 쓰는 방법을 구체적으로 살펴보고, 마지막에 가정에서 학생의 글을 고쳐 주는 방법에 대해서 함께 살펴보고자 합니다.

# 1
# 프렙 구조로 말하기

처음에는 프렙 쓰기 연습을 삼행시 짓기처럼 해보세요. 삼행시처럼 엄마가 먼저 운을 띄워주듯이 P→R→E→P′를 순서대로 말하고, 아이가 받아서 자기 생각을 말하는 연습을 해보세요.

처음부터 공책에 이 순서로 쓰기보다, 쓰기 전에 말로 해보면 쉽고 간단하여 순서를 익히는 데 많은 도움이 됩니다. 많은 아이가 쓰기보다는 말하기를 쉽게 생각합니다. 말할 수 있다면, 쓸 수도 있습니다. 처음부터 쓰기를 하면 생각이 정리가 안 되어서 어렵다고 하는 아이가 많습니다. 천천히 그리고 가볍게 해보는 것이 좋습니다. 그 순서는 이렇습니다.

먼저 주제를 주어야 합니다. 무거운 것보다는 가벼운 주제가 좋습니다. 간단하게 말할 수 있는 주제를 살펴보겠습니다.

"어제 왜 아빠에게 화를 냈니?"

"네가 생각하는 동생의 좋은 점은 뭐야?"

"어떤 과목의 공부가 가장 좋아?"

"다들 핸드폰으로 게임을 하는데 너는 왜 안 하니?"

간단한 규칙을 정하면 더욱 좋습니다. 다음의 두 가지 사례를 살펴보겠습니다.

[보기 1] 나쁜 사례

질문 : 너는 당근을 좋아하니?

대답 : 응!(혹은, 아니!)

질문 : 그렇구나. 먹을래?

대답 : 싫어!

대부분 부모와 자녀의 대화는 [보기 1]과 같습니다. 그렇지만 이런 방법으로는 간단한 대화 속에서 논리력을 키우는 말하기와 글쓰기 연습이 불가능합니다.

[보기 2] 좋은 사례

질문 : 너는 수영을 좋아하니?

대답 : 네, 저는 수영을 좋아합니다.

질문 : 왜 수영이 좋아?

대답 : 그 이유는 시원한 물에 들어가면 몸이 시원해져서 기분이 좋아지기 때문입니다.

[보기 2]에서 보듯이 주어를 먼저 말해야 합니다. 질문에 누가 답을 해야 하는지를 먼저 밝혀야 합니다. 가정에서는 대부분 이 부분을 생략하고 이야기하지요. 그러나 쓰기에서는 이 부분이 빠지면 안 됩니다. 말하기와 쓰기의 차이점입니다.

다음으로 질문에 그렇게 답한 이유를 말해야 합니다. 수영을 좋아하느냐는 질문에 좋아(혹은 싫어)한다고 했다면, 그렇게 말한 이유를 이야기해야 합니다.

이 아이가 수영을 좋아하는 이유는 '물에 들어가면 몸이 시원해져서 기분이 좋아진다'입니다. 간단한 질문과 대답이지만, 이 안에는 논리력을 기를 수 있는 중요한 요소가 있음을 확인할 수 있습니다. 질문에 대답할 때는 다음 순서를 기억하세요.

· 누가(나는, 내가, 혹은 저는, 제가) 답을 하는지 밝힙니다.
· 묻는 말에 대한 답(결론)을 이야기(좋다 혹은 싫다)합니다.
· 그렇게 답한 이유를 말합니다.
· 답을 다 말했다면, 그 사실을 알리고 끝맺음합니다.

앞의 [보기 1]과 [보기 2]의 차이점은 무엇일까요?

말하기 연습을 거듭하면 할수록 삼행시 짓기처럼 운 띄우기를 해야 하는 부모의 역할이 줄어듭니다. 부모의 역할이나 도움이 줄어들수록 아이의 답은 길어지고 분명해집니다. 이런 식의 연습이 많아질수록 글쓰기에 유리해집니다. 이 점을 기억하고 [보기 3]의 사례를 보기 바랍니다.

[보기 3] 완성된 좋은 사례

질문 : 너는 수영을 좋아하니?

대답 : 네, 저는 수영을 좋아합니다. 그 이유는 시원한 물에 들어가면 몸이 시원해져서 기분이 좋아지기 때문입니다. 이상으로 제 답을 마치겠습니다.

이번에는 이유가 두 가지 이상인 경우를 연습해봅시다. 이런 경우는 먼저 상대방에게 이유가 몇 가지인지를 밝히는 것이 좋습니다. 이유를 말할 때는 번호를 붙여서 말하는 것이 좋습니다. 그러면 듣는 사람도 이유를 다 말할 때까지 집중하여 듣게 됩니다. 이때 "왜냐하면", "그 이유는" 등과 같이 이유를 말할 때 사용하는 접속사를 알아두면 좋습니다. 이번에는 이유를 두 가지 이상 들어서 묻는 말에 답해보는 활동입니다.

연습

Q : 너는 스포츠를 좋아하니?

A : 네! 저는 스포츠를 ______ 합니다.

그 이유는 __________ 가지입니다.

첫째, 스포츠는 ________ 때문입니다.

둘째, 스포츠는 _______ 때문입니다.

이상으로 __________________.

# 2
# 프렙 구조 속 이유와 사례 들기

이번에는 이유와 사례를 들어보는 연습을 해볼까요? '복도에서 뛰지 말아야 한다'는 주제로 연습한다면, 그 이유와 예를 들어서 이야기해야 합니다. 운을 띄우기 전에 아이에게 생각할 시간을 주세요. 앞의 연습보다 조금 길게 생각할 시간을 주어야 합니다. 적절한 사례를 들어야 하기 때문입니다. 처음에 3분 정도 생각할 시간을 주세요. 아이가 생각하는 시간이 길어져 부모가 보채게 되는 상황이 발생하기 전에, 생각할 시간을 정해주는 것이 중요합니다. 연습할 때는 기다려주어야 합니다. 자, 준비되었나요?

**P** : 교실 복도에서는 뛰지 말아야 합니다.

**R** : 사람이 많아서 뛰면 다칠 수 있기 때문입니다.

E : 지난주 월요일에는 ○○이가 복도에서 뛰다가 친구와 부딪쳐서 팔을 다치기도 했습니다.

P′ : 그러므로 복도에서는 절대로 뛰어다니면 안 됩니다.

하나 더 해볼까요? 주제는 '편식을 하지 말자'입니다.

P : 음식은 골고루 먹어야 합니다.

R : 음식을 골고루 먹지 않으면 건강을 해칠 수 있기 때문입니다.

E : 동생은 먹고 싶은 것만 먹어서 눈이 나빠졌다고 합니다.

P′ : 건강을 위해서 음식은 골고루 먹어야 한다고 생각합니다.

이런 연습을 아이와 게임하듯이 자주 해보세요. 순서가 입에 붙어서 술술 말할 때까지 해야 합니다. 그 단계에 이르기 전까지는 쓰기 연습을 하지 않는 것이 좋습니다. 말하듯이 하고 나서 쓰기를 하면 거부감이 줄어들게 됩니다. 온 가족이 돌아가면서 삼행시 짓기를 하듯이 프렙 게임을 한다고 생각하면 됩니다. 주의할 점이 있습니다.

생각하기를 싫어하는 아이들의 공통적인 문제점이 있습니다. "짜장면을 왜 좋아하니?"라고 물으면 대부분 이런 이유를 듭니다.

"맛이 있어서요."
"좋아해서요."

그러나 이 두 가지 대답은 주장하는 글쓰기에 적합한 이유가 될 수 없습니다. 그렇다면 어떤 것이 주장하는 글쓰기에 적합한 대답(이유)이 될까요?

"배달을 시키면 빨리 와서요."
"금방 먹을 수 있어서요."
"많은 반찬이 필요하지 않아서요."
"짜장과 면이 잘 어울리고 달콤해서요."

이유는 대답하는 사람마다 다릅니다. 이렇게 서로 다른 생각을 가지고 답을 하는 것이 좋습니다. 우리가 흔히 이야기하는 "재미있다", "즐겁다", "맛있다", "기분이 좋다" 등은 주장하는 글쓰기에 적합한 이유라고 할 수 없습니다. 본격적으로 주장하는 글을 쓰기 전에, 말하기 연습을 통해 물어보는 내용에 대해서 자신만의 생각으로 적절하고, 타당하며, 합리적인 이유를 말하는 것이 중요합니다. 이런 이유가 있어야 상대방이 나의 생각을 인정하고 나의 대답이나 말에 설득되기 때문입니다.

# 3

# 프렙 구조로 쓰는 연습하기

프렙 구조로 말하기 단계를 거쳤으니 이제 쓰기 연습 방법을 소개합니다. 다음의 [보기-1]은 어느 교실에서 두 학생이 나눈 이야기입니다.

[보기 1]

길수 : 나는 우리 반에 ○○이가 미워 죽겠어.

민호 : 왜?

길수 : 그냥~.

민호 : 그냥이라니? 이유가 있을 거 아냐? 말해봐.

길수 : 다른 아이들도 그렇게 말하고, 나도 그 아이만 보면 기분이 나빠.

민호 : 그래도 그렇지? 네가 싫어하고 기분이 나쁜 이유가 있을 것 아니야?

길수 : 이유가 어디 있어?

민호 : 그래도 이유를 대봐?

길수 : 아 참 나, 따지기는….

민호 : 너도 다른 아이들이 이유 없이 밉다고 하면 좋겠니?

길수가 말하는 이유는 설득력도 없고, 읽기에도 답답합니다. 이렇게 말하는 아이들이 의외로 많습니다. 그러나 프렙 구조를 배우고 나면 다음과 같이 변하게 됩니다.

[보기 2]

길수는 ○○이란 아이를 미워한다.

왜냐하면,

①○○이는 거짓말을 하고,

②교실에서 자기보다 힘이 약한 아이들을 괴롭히며,

③돈을 빌리고 갚지도 않고,

④학급의 규칙도 지키지 않기 때문이다.

[보기 1]과 [보기 2]의 차이를 아시겠지요? [보기-1]에서 길수는 ○○이가 미운 이유에 대해서 말하고 있지만, 그 이유가 무엇

인지 뚜렷하게 보이지 않습니다. 이처럼 이유가 빈약한 주장은 다른 사람을 설득시킬 수 없습니다. 다시 강조하지만, 주장하는 글쓰기의 목적은 상대방을 설득하는 것입니다. '나는 어떤 학생이 밉다'라는 주장을 펼치려면 그렇게 생각하는 이유를 말해야 합니다.

'주장'이라는 단어를 사전에서는 '자기의 학설이나 의견을 굳게 내세우는 것'이라고 풀이하고 있어요. 당연한 얘기지만, 주장하는 글에는 글쓴이의 주장이 담겨 있어야 합니다. 그 주장은 글쓴이가 말하고 싶어 하는 '무엇'입니다. 이를 다른 말로 하면 '결론'이라고도 하지요. 한 가지 더 연습해볼까요? 예전에 해봤을 텐데요. 쉽고 간단합니다. 손을 보세요. 손가락 다섯 개가 있습니다. 손가락마다 자기 자랑을 한다고 생각해보세요. 다섯 손가락 모두 자기 자랑을 하는 그 이유와 사례를 들어가면서 말입니다.

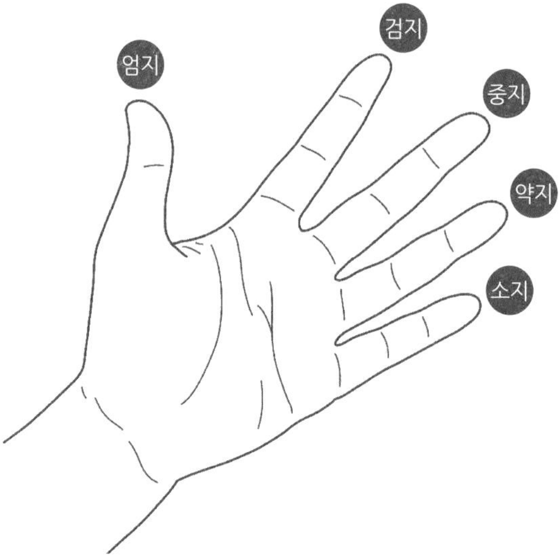


**[다섯 손가락의 자기 자랑]**

첫째 손가락(엄지) : 내가 엄지이기 때문에 최고지!

둘째 손가락(검지) : 무언가 가리킬 때는 내가 제일 많이 쓰여!

셋째 손가락(중지) : 내가 우리 중에서 키가 제일 커!

넷째 손가락(약지) : 약혼이나 결혼 같은 귀중한 서약을 할 때는 내가 사용된다구!

다섯째 손가락(소지) : 야! 너희들 나 없으면 어떻게 되는지 알지?

하나 더 해볼까요? 이번에는 우리 몸 자랑을 해봅시다. 눈, 코, 입, 손, 발이 자기 자랑을 한다고 생각하고 그 이유를 프렙 구조에 맞춰 이야기해보기 바랍니다.

| [학년별 주장하는 용어 정리] | | | |
|---|---|---|---|
| **1~2학년** | **3~4학년** | **5~6학년** | **PREP'** |
| 사물이나 상황에 대한 **생각**을 **까닭**과 함께 씀. | 하고 싶은 말을 **의견**으로 쓰며, **이유**를 함께 씀. | 하고 싶은 말을 **주장**으로 쓰며, **근거**와 함께 씀. | 생각, 의견, 주장 = **Point** |
| 주변에 대한 글이나 겪은 일을 표현하는 글을 씀. | 의견과 마음을 표현하는 글을 씀. | 주장을 통해 상대를 설득하는 글을 씀. | 글의 맨 처음에 자신이 하고 싶은 말을 씀. |
| **생각 = 의견 = 주장 = Point** | | | |

위는 교과서에 등장하는 '주장하는 글'의 용어를 정리한 표입니다. 같은 뜻이지만 학년군에 따라 다른 용어를 사용하고 있습니다.

1~2학년에서는 '생각'이라고 하고, 3~4학년에서는 '의견'이라고 말하고, '주장'이란 말은 5~6학년에서 하고 있습니다. 모두 같은 뜻입니다. 'PREP'의 'P'에 해당하는 말이지요. 글쓴이가 다른 사람에게 하고 싶은 말은 '주장'하고자 하는 것이고, 그 말이 곧 '결론'이면서 글쓴이의 '생각'이고 '의견'입니다. 아울러 '생각'의 짝은 '까닭'으로, '의견'의 짝은 '이유'로, '주장'의 짝은 '근거'로 이루어져 있습니다. 내 아이가 몇 학년인가에 따라 이 용어를 적절히 사용하는 게 좋습니다.

# 4
# 프렙 쓰기의 실제

## 1. 단계별 프렙(PREP′) 작성법

글은 글쓴이의 생각이 겉으로 '드러난 글'과 감추어져 '드러나지 않은 글'로 크게 나누어집니다. 드러난 글은 비문학류의 글, 드러나지 않은 글은 문학류의 글이라고 부릅니다. 주장하는 글은 글쓴이의 생각을 겉으로 '드러낸 글'입니다. 자기 생각이나 의견을 겉으로 드러내야 글을 읽는 사람들이 무엇을 이야기하는가를 분명하게 알 수 있습니다. 주장하는 글은 동시나 동화처럼 글쓴이의 생각이나 감정을 감추어놓은 글이 아니기 때문입니다. 이제부터는 한 걸음 더 들어가서 프렙의 단계별 작성 방법을 살펴보겠습니다.

### 1) 주장(P)을 쓰는 법

P단계는 프렙에서 가장 중요한 자신의 주장을 쓰는 부분입니다. 이 부분만 보아도 무엇을 이야기하려고 하는지 알 수 있어야 합니다. 무엇을 쓰려고 하는지가 분명해야 방향을 잡고 글을 이끌어나갈 수 있기 때문입니다.

예를 들어서 '올여름 가족 휴가를 어디로 가는 것이 좋을까?'를 주제로 이야기를 나눈다면, 바다로, 산으로, 계곡으로, 가까운 호텔로 등등 가족 구성원마다 가고자 하는 곳이 있을 것입니다. 먼저 엄마가 이야기를 시작한다면 자신이 가고 싶은 곳과 그 이유를 들어서 가족들을 설득해야 합니다. 가족들 사이에서 흔히 일어나는 의견 조율의 상황을 주제로 하면 좋습니다. 일상에서 부담 없이 프렙 연습이 가능하기 때문입니다.

앞에서도 이야기한 것처럼, 공책에 쓰기 전에 삼행시 짓기처럼 P-R-E-P' 순서로 운을 띄워 말해보는 것이 좋습니다. 가족끼리 돌아가면서 말을 해보고, 그것을 공책이나 메모지 등에 써서 붙여놓고, 각자의 의견을 다시 읽어보면 좋습니다. 이렇게 하면 공부가 아니라 가족끼리 하는 놀이 같아서 아이가 지루해하지 않습니다. 그런데 문제는 '처음에 무슨 말부터 해야 할까?'입니다. 이럴 때는 주장하는 말하기에서 가장 중요한 첫 부분에 어떻게 하면 좋을지, 다음과 같은 예시를 먼저 제공해주어야 합니다. 처음에 무엇을 주장하려는 사람들 대부분은 이렇게 시작합니다.

주장하는 단계(P)에서 시작하는 말의 예시

· 내 생각에는 ~.

· 나는 ~라고 생각합니다.

· 나는 ~을 좋아합니다.

· 나는 ~을 하려고 합니다.

· 나는 이 문제에 대해 ~라고 생각합니다.

· 이 문제에 대한 내 생각은 ~입니다.

· 내 생각은 ~입니다.

### 2) 이유(R)를 쓰는 법

주장을 하고 나면 이유를 말해야 합니다. 이유단계입니다. '몇 개의 이유를 들어야 하는가?'로 고민하는 학생이 많습니다. 처음에는 한 가지만 들어도 됩니다. 이유의 개수가 중요한 것이 아니라, 타당한 이유를 말하는 것이 중요합니다.

앞에서 '올여름 가족 휴가를 어디로 가는 것이 좋을까?'를 주제로 주장을 펼쳤다면, 그런 주장을 한 이유를 말해야 합니다. 바다로 가고 싶다고 했다면, 바다로 가야 하는 이유를 말하면 됩니다. 이유가 타당한지, 다른 사람도 납득할 수 있는 이유인지는 들어보면 알게 됩니다. 이유가 적절치 않으면 질문이 바로 들어옵니다. 이유를 말할 때는 '왜냐하면'이란 말로 시작합니다. '왜냐하면'이란 말을 들으면 사람들은 이유가 무엇인가를 확인하려고 귀를 세우고 신중하게 듣습니다. '왜냐하면'으로 시작한 말은 '때문입니다'로 마치게 됩니다. '왜냐하면'과 '때문입니다'는 한 몸과 같은 말입니다.

### 3) 사례(E)를 쓰는 법

사례를 쓰는 이유는 자신의 주장과 이유에 좀 더 강한 설득력을 갖게 하기 위해서입니다. 좋은 사례는 듣는 사람에게 강한 인상을 남깁니다. 사례를 들어서 말하면 주장과 이유가 자세하고 구체적으로 다가옵니다. 사례도 이유와 마찬가지로 주장과 관련이 있어야 합니다. 사례는 '예를 들면'이라는 말로 시작합니다. 앞에서 바다로 가족 여행을 가야 하는 이유를 말했다면, 바다로 가서 좋았던 사례를 들어서 가족을 설득하면 됩니다. 바다로 가면 모래찜질도 하기 좋고, 물놀이와 고기 잡기 등을 온 가족이 할 수 있는 활동이 많다는 식의 예를 들면 됩니다.

### 4) 재주장(P')을 쓰는 법

마지막인 P'단계입니다. 자신의 주장을 상대방에게 다시 한번 상기시켜 강한 인상을 주어야 합니다. 그래야 상대방을 설득할 수 있습니다.

이유에는 '왜냐하면'을 사례에는 '예를 들면'을 하고 말을 했듯이 마지막 재강조에는 '그러니', '그러므로', '그 결과로', '이상으로' 등과 같은 말로 마무리하면 됩니다.

이상의 순서로 쓴 예시글을 살펴보겠습니다.

[PREP′ 순서로 쓴 예시글]

올 여름 휴가는 어디로 갈까?

**P** : 저는 할머니댁과 가까운 강원도로 갔으면 합니다.

**R** : 왜냐하면, 첫째로 강원도는 아빠의 고향이기도 하고, 둘째로 할머니댁과 해수욕장이 가까워서 언제든지 바닷가에 나가서 여러 가지 놀이하기에 좋기 때문입니다. 셋째로 할머니의 밭일을 도와드릴 수 있어서입니다.

**E** : 작년에는 코로나와 긴 장마로 가지 못하고 할머니하고 영상통화만 해서 섭섭했어요. 3년 전에 사촌들과 너무 재미있는 휴가를 보내서 지금도 많은 기억을 가지고 있고, 해수욕, 밭일, 그리고 가까운 산에도 갈 수 있어서 여름 휴가는 할머니 댁으로 가는 것이 좋습니다.

**P′** : 그러므로 제 생각은 올 여름 휴가는 다른 곳보다 할머니 댁으로 가서 즐거운 휴가를 보냈으면 합니다

지금까지 P-R-E-P′ 작성법을 살펴보았습니다. 본격적으로 글을 쓰기 전에 몇 개의 글을 보면서 자세하게 이야기해보겠습니다.

## 2. 프렙으로 쓴 글을 분석해보자

[보기-1]

제목 : 숙제

나는 ____________________라고 생각합니다.

다른 사람의 도움을 받다 보면 자기 힘으로 숙제를 할 수 없습니다.

자기 힘으로 숙제를 해야 스스로 공부하는 힘이 생깁니다.

– 6차 교육과정 초등 1학년 2학기 국어 읽기 교과서 34쪽에서

주장하는 글쓰기에서 무엇을 배울 수 있는지를 알려주는 글입니다. 자세히 살펴보겠습니다. 앞에서 이야기한 프렙의 순서를 기억하고 살펴보세요.

첫째, 자신의 주장을 먼저 이야기하고 있습니다. P단계입니다. '숙제'라는 제목의 글에서 글쓴이의 생각을 먼저 말하고 있습니다. 글쓴이가 주장하는 것이 무엇인지 바로 알 수 있습니다. 첫 번째 문장에 있지요.

즉, '나는 (          )라고 생각합니다'라는 문장입니다. 주장이 무엇인가를 알게 하려고 (          ) 안을 비워두었습니다. 글을 쓰는 사람마다 주장이 다르기 때문입니다. 그러면 이 주장에 대한 이유는 무엇일까요?

둘째, 주장에 대한 이유를 말하고 있습니다. R단계입니다. 주장에는 반드시 이유가 있어야 한다고 했습니다. 앞의 글에서도 이유가 보입니다. [보기 1]에서 두 가지 이유를 말하고 있습니다. 살펴볼까요?

· 이유 1 : 다른 사람의 도움을 받다 보면 자기 힘으로 숙제를 할 수 없습니다.
· 이유 2 : 자기 힘으로 숙제를 해야 스스로 공부하는 힘이 생깁니다.

[보기 1]은 아주 간단한 구조의 주장하는 글입니다. 분명하게 두 가지 이유를 들어서 주장을 뒷받침하고 있습니다. 아주 간단한 구조를 가진 주장하는 글이지만, 글쓴이의 주장이 무엇인가를 쉽게 알 수 있는 글이기도 합니다. 또 다른 사례를 살펴봅시다.

[보기-2]
제목 : 음식 (6차 교육과정 초등 1학년 2학기 국어 읽기 교과서 36쪽에서)
사람마다 좋아하는 음식과 싫어하는 음식이 있습니다.
좋아하는 음식은 많이 먹지만, 싫어하는 음식은 잘 먹지 않습니다.
그러나 음식을 골고루 먹지 않으면 건강이 나빠질 수 있습니다.

나는 음식을 골고루 먹어야 한다고 생각합니다.

다른 사람의 글을 많이 읽어본 뒤 주장을 펼치려면 어떤 순서가 좋은가를 살피는 것도 좋은 연습 방법입니다. [보기 2]의 글을 문장별로 나누어서 살펴보겠습니다. 이해를 돕기 위해 문장 앞에 번호를 붙였습니다.

제목 : 음식 (6차 교육과정 초등 1학년 2학기 국어 읽기 교과서 36쪽에서)
①사람마다 좋아하는 음식과 싫어하는 음식이 있습니다.
②사람들은 좋아하는 음식은 많이 먹지만, 싫어하는 음식은 잘 먹지 않습니다.
③그러나 음식을 골고루 먹지 않으면 건강이 나빠질 수 있습니다.
④나는 음식을 골고루 먹어야 한다고 생각합니다.

[보기 2]의 글을 프렙 순서로 바꾸어보겠습니다.

**P** : ④나는 음식을 골고루 먹어야 한다고 생각합니다.
**R** : ③(왜냐하면) 음식을 골고루 먹지 않으면 건강이 나빠질 수 있습니다.(나빠질 수 있기 때문입니다.)
**E1** : ①사람마다 좋아하는 음식과 싫어하는 음식이 있습니다.
**E2** : ②(그렇지만) 좋아하는 음식은 많이 먹지만, 싫어하는 음식

은 잘 먹지 않습니다.

이 글은 두 가지 예를 들었다는 것을 알 수 있습니다. 마지막 결론 문장이 필요하니 덧붙여서 완성해보겠습니다. 다음은 프렙 쓰기의 이해를 돕고자 필자가 추가한 문장입니다. 이런 순서가 되면 앞에서 이야기한 프렙 구조의 문장이 됩니다.

P′ : 그러므로, 나는 건강이 나빠지지 않기 위해서 음식을 골고루 먹어야 한다고 생각합니다.

앞에서 설명한 내용을 종합하여 프렙 순서로 정리하면 다음과 같습니다.

P : 나는 음식을 골고루 먹어야 한다고 생각합니다.
R : (왜냐하면) 음식을 골고루 먹지 않으면 건강이 나빠질 수 있습니다.
E : 사람마다 좋아하는 음식과 싫어하는 음식이 있습니다.
(그렇지만) 좋아하는 음식은 많이 먹지만, 싫어하는 음식은 잘 먹지 않습니다.
P′ : 그러므로, 나는 건강이 나빠지지 않기 위해서 음식을 골고루 먹어야 한다고 생각합니다.

## 3. 프렙 구조로 찬성과 반대의 주장하는 글쓰기

우리는 생각하며 살아갑니다. 말하고, 토론하고, 언쟁도 하면서 살아갑니다. 생각은 하면 할수록 눈덩이처럼 커집니다. 생각도 식물처럼 자란다는 증거입니다. 그 생각은 자기 생각이어야 합니다. 다른 사람의 생각이나 주장을 자기 생각인 양 말하면 안 됩니다.

"누가 그래서 나도", "그냥요!" 초등학생들이 가장 많이 하는 말입니다. 이런 말은 자기 생각이 없다는 증거입니다. 자신만의 생각을 말하려면 주변에서 일어나는 일에 관심을 가져야 합니다. 운동선수들은 매일 연습을 합니다. 대회 날짜가 확정되면 음식까지 조절하면서 몸을 만들어나갑니다. 글쓰기도 마찬가지입니다. 무엇이든 하루아침에 되는 것은 없습니다.

주장하는 글쓰기 중에서 가장 많은 유형은 나와 생각이 다른 상대방을 설득해야 하는 이른바 찬반 논의 형식의 글쓰기입니다. 어떤 문제에 대해서 서로 찬성과 반대 입장을 주장하는 형식입니다. 세상 모든 문제를 두고 모든 사람이 같은 생각을 하지는 않습니다. 찬성하는 사람도 있고 반대하는 사람도 있기 마련입니다. 찬성과 반대 입장은 성별에 따라 다르고, 이념에 따라 다르고, 종교에 따라 다르고, 민족에 따라 다릅니다. 어떤 문제에 대해서 모두 찬성하거나 모두 반대한다면, 그것도 이상한 일입니다. 생각이 서로 다르기 때문에 조화를 이루고 사는 것입니다.

주변의 일에 관심을 갖고 생각하는 가장 쉽고 좋은 방법은, 그 일이 '나'에게 일어난 일이라고 생각하는 것입니다. 주변에서 일어난 사건이 다른 사람들의 이야기일 때와 나의 문제일 때는 내 입장은 물론 생각의 깊이도 달라집니다. 생각은 '나'의 문제가 될 때 더욱 커지고 깊어집니다. 예를 들어 코로나로 인한 원격 수업을 해야 한다면 각자의 생각이 달라집니다. 반드시 해야만 한다고 주장하는 사람도 있고, 학생의 학년에 따라서 다르게 해야 한다고 주장하는 사람도 있게 됩니다. 문제에 대한 각자의 입장에 따라서 서로 다른 주장을 하기 때문입니다. 주어진 문제가 내 문제라고 생각할 때부터 사람들은 나의 주장이 상대와 다르다는 것을 확인하게 됩니다. 내 문제가 되기 때문입니다. 인간 배아 복제 문제도 그 실험에 참가하는 팀원이라면, 전혀 다른 입장이 됩니다. 내가 그 문제에 대해서 어떤 입장에 있는가를 알면, 문제에 대한 이해도가 높아집니다. 다음의 사례에 대해 생각해보겠습니다.

집에 도둑이 들었다고 생각해보세요. 그런데 집에 들어온 도둑이 집에서 기르는 개에게 물렸다고 상상해보세요. 문제가 심각합니다. 도둑이 많이 다쳐 119대원이 응급차로 병원에 이송한 뒤 수술을 마치고 입원하게 되었습니다. 이 일이 신문에 나게 되었고, 이 사건으로 사람들이 각자의 입장에서 이런저런 말을 하게 되었습니다. 정리하면 다음과 같습니다.

집주인의 입장 : 도둑이 자주 들어서 많은 돈을 주고 훈련받은 개를 기르기 시작했는데, 역시 잘 했다고 생각합니다.

도둑의 입장 : 나는 집 안으로 들어가지 않았습니다. 더구나 훔친 것도 없습니다. 그러나 사나운 개가 나를 보자마자 미친 듯이 달려들었습니다. 나는 억울합니다.

개 조련사의 입장 : 역시 훈련 프로그램이 좋았습니다. 이 사건을 이용해 광고를 해야 겠습니다.

경찰의 입장 : 남의 집에 주인의 허락 없이 들어갔다는 사실만으로도 구속의 이유가 됩니다.

도둑 부인의 입장 : 다른 것은 몰라도 사람을 다치게 하다니…. 나도 가만히 있지 않겠습니다.

신문기자의 입장 : 뉴스로서의 가치가 있는가를 좀 더 취재해보고 결정해야겠습니다.

이렇게 어떤 사건을 보는 입장이나 특정 문제에 대한 사람들의 입장은 각기 다릅니다. 환경에 따른 생각과 경험이 다르기 때문입니다.

시애틀 인디언 추장의 말처럼 '세상의 모든 것은 서로 연결'되어 있습니다. 뉴스나 신문에 나오는 기사들은 나와 전혀 관계없는 일이라고 생각하지 말고, 나라면 혹은 내 문제라면 어떻게 해결할 것인가를 생각해보는 습관을 가져야 합니다. 이렇게 생각하는 습관은 주장하는 글쓰기에서 매우 중요합니다. 그렇다면 찬반 입장의 글을 어떻게 써야 할까요?

### 1) 찬반 논의형 글쓰기 방법

먼저 다음의 (가)와 (나) 글을 읽어보세요.

(가)사람들이 아파트에서 가장 많이 기르는 애완동물은 개다. 개는 털이 많이 빠지고, 시끄럽게 짖는다. 특히, 밤에 개 짖는 소리는 주변 사람들에게 큰 피해를 줄 수 있다. 그리고 개를 데리고 다니다가 개가 배설을 하였을 때, 배설물을 치우지 않고 가면 보기에 좋지 않고 위생에도 나쁘다. 이처럼 아파트에서 개를 기르는 것은 많은 사람들에게 피해를 준다. 개를 꼭 기르고 싶다면, 아파트에서가 아니라 단독주택에서 길러야 한다.

(나)아파트에서 개를 기르면 안 된다고 말하는 사람이 많다. 그 이유로는 개 짖는 소리가 이웃에게 소음이 될 수도 있고, 배설물이나 털이 주변을 지저분하게 만들 수도 있다는 점을 든다. 그러나 개를 기른다고 해서 이웃에 큰 피해를 주는 것 같지는 않다. 가끔 한밤중에 우리 집 개가 짖기도 하지만, 그것 때문에 시끄러워서 잠을 못 잤다거나 자다가 깼다고 말하는 이웃은 없었다. 그리고 배설물이나 털 때문에 주변이 지저분해지는 것은 주인이

조금만 주의하면 해결할 수 있는 문제이다. 그러므로 나는 아파트에서 개를 길러도 좋다고 생각한다.

(가)와 (나)는 같은 주제로 이야기하고 있지만, 주장하는 내용은 정반대입니다. 각자가 주장하는 내용의 주제는 '아파트에서 애완견 기르기'입니다. 같은 문제를 두고 찬반 의견이 갈라지는 이런 것을 어려운 말로 '논쟁'이라고 합니다. 이런 찬반 논쟁은 우리 주변에 얼마든지 있습니다.

(가)와 (나)의 글은 '아파트에서 개를 길러도 된다 ↔ 아파트에서 개를 기르는 것은 안 된다' 이렇게 서로 다른 주장을 하고 있습니다. 그리고 각자 주장하는 내용에 대한 이유를 말하고 있습니다. 이를 좀 더 확실하게 알기 위해 우리가 배운 프렙 방법으로 나누어 각자의 입장을 먼저 살펴보겠습니다. 먼저 '아파트에서 애완견을 길러도 된다'는 입장을 살펴보겠습니다.

아파트에서 개를 기르면 안 된다고 말하는 사람이 많다. 그 이유로는 개 짖는 소리가 이웃에게 소음이 될 수도 있고, 배설물이나 털이 주변을 지저분하게 만들 수도 있다는 점을 든다. 그러나 개를 기른다고 해서 이웃에 큰 피해를 주는 것 같지는 않다. 가끔 한밤중에 우리 집 개가 짖기도 하지만, 그것 때문에 시끄러워서 잠을 못 잤다거나 자다가 깼다고 말하는 이웃은 없었다. 그리고 배설물이나 털 때문에 주변이 지저분해지는 것은 주인이 조금만 주의하면 해결할 수 있는 문제이다. 그러므로 나는 아파트에서 개를 길러도 좋다고 생각한다.

**P**(주장) : 아파트에서 개를 길러도 된다.

**R**(이유) : (왜냐하면) 개를 기른다고 해서 이웃에 큰 피해를 주는 것 같지는 않다.

**E**(사례) : (예를 들면)

①가끔 한밤중에 우리 집 개가 짖기도 하지만, 그것 때문에 시끄러워서 잠을 못 잤다거나 자다가 깨었다고 말하는 이웃은 없었다.

②배설물이나 털 때문에 주변이 지저분해지는 것은 주인이 조금만 주의하면 해결될 수 있는 문제이다.

**P′**(재주장) : (그러므로) 나는 아파트에서 개를 길러도 좋다고 생각한다.

이렇게 나누어서 살펴보니 주장과 이유, 사례가 분명하게 드러나 보입니다.

다음은 '아파트에서 개를 기르면 안 된다'는 주장입니다.

사람들이 아파트에서 가장 많이 기르는 애완동물은 개다. 개는 털이 많이 빠지고, 시끄럽게 짖는다. 특히, 밤에 개 짖는 소리는 주변 사람들에게 큰 피해를 줄 수 있다. 그리고 개를 데리고 다니다가 개가 배설을 하였을 때, 배설물을 치우지 않고 가면 보기에 좋지 않고 위생에도 나쁘다. 이처럼 아파트에서 개를 기르는 것은 많은 사람들에게 피해를 준다. 개를 꼭 기르고 싶다면, 아파트에서가 아니라 단독주택에서 길러야 한다.

**P**(주장) : 아파트에서 개를 기르면 안 된다.

**R**(이유) : (왜냐하면) 아파트에서 개를 기르는 것은 많은 사람들에게 피해를 준다.

**E**(사례) : (예를 들면)

①개는 털이 많이 빠지고, 시끄럽게 짖는다.

②특히, 밤에 개 짖는 소리는 주변 사람들에게 큰 피해를 줄 수 있다.

③개를 데리고 다니다가 개가 배설을 하였을 때, 배설물을 치우지 않고 가면 보기에 좋지 않고 위생에도 나쁘다.

**P'**(재주장) : (그러므로) 개를 꼭 기르고 싶다면, 아파트에서가 아니라 단독주택에서 길러야 한다.

이렇게 프렙 구조로 나누고 보니 서로의 주장이 무엇이고, 그렇게 주장하는 이유가 무엇인지 분명하게 알게 되었습니다.

우리가 앞에서 공부했던 기본 형식은 '나는 어떤 문제에 대해서 어떤 이유로 주장하는가?'에 대한 쓰기였습니다. 이에 비해 찬반 논의형은 다른 사람들은 그 문제를 어떻게 생각하고 있는가를 알아보는 것입니다. 같은 반에서 공부하는 친구라 할지라도 개성이나 생김새, 취미, 공부하는 모양이나 태도 등이 모두 다릅니다. 그러한 것을 '다양성'이라고 합니다. 이 다양성이야말로 우리 사회가 더욱 발전하는 데 반드시 필요한 요소입니다.

이제 문제는 이런 기본 형식의 주장과 이유가 아니고, '한 가지 논점에 대해서 찬반을 구분하는 형태를 어떻게 주장하는 글쓰기로 해결할 것인가?'입니다.

어렵게 보이는 찬반 논의 형식의 글쓰기도 기본 형식에서 출발합니다. 다음의 방법으로 쓰면 찬반 형식의 주장하는 글쓰기가 쉬워집니다.

① 글의 앞부분 쓰기

내가 찬성하는 입장인지, 반대하는 입장인지를 먼저 결정해야 합니다. 찬성도 하고 반대도 하는 입장은 없습니다.

결정을 하고 나면 다른 입장의 사람들은 어떤 이유나 근거를 가지고 주장하는지를 살펴야 합니다.

②글의 가운데 부분 쓰기

이제 본격적으로 나의 입장을 써야 합니다. 이때부터는 프렙 쓰기와 같습니다. 쓰기 전에 '그러나'라고 먼저 쓰고 그다음부터 나의 주장과 이유를 쓰면 됩니다.

③글의 끝부분 쓰기

이제 다시 한번 자신의 입장을 정리하면 됩니다. 이때 앞에서 든 이유를 다시 한번 정리하거나 간단한 속담이나 사실을 들어서 재강조하고 마치면 됩니다.

이런 내용을 표로 정리하면 다음과 같습니다.

| | |
|---|---|
| 처음 | 나와 입장이 다른 사람의 주장과 그 이유를 쓴다. |
| | ↓ |
| 가운데 | '그러나'로 시작하여 프렙 순서대로 나의 주장과 이유를 사례와 함께 쓴다. |
| | ↓ |
| 끝 | 나의 주장에 대한 이유를 정리하고, 간단한 속담이나 사실을 들어 강하게 주장하고 마친다. |

[예시]

**처음**

아파트에서 개를 기르면 안 된다고 말하는 사람이 많다. 그 이유로 개 짖는 소리가 이웃에게 소음이 될 수도 있고, 배설물이나 털이 주변을 지저분하게 만들 수도 있다는 점을 든다.

↓

**가운데**

**그러나** 개를 기른다고 해서 이웃에 큰 피해를 주는 것 같지는 않다. 가끔 한밤중에 우리 집 개가 짖기도 하지만, 그것 때문에 시끄러워서 잠을 못 잤다거나 자다가 깼다고 말하는 이웃은 없었다. 그리고 배설물이나 털 때문에 주변이 지저분해지는 것은 주인이 조금만 주의하면 해결할 수 있는 문제이다.

↓

**끝**

**그러므로** 나는 이웃에게 큰 피해를 주는 것도 아니고 시끄러워서 잠을 못 잘 정도는 아니며 배설물 제거도 크게 불편하지 않기 때문에 아파트에서 개를 길러도 좋다고 생각한다. '이웃사촌이 더 가깝다'라는 말처럼 서로가 조금씩 양보하고 배려한다면 아파트에서 개를 기르는 문제는 가능하다고 생각한다.

- 6차 교육과정 4학년 2학기 국어 읽기 교과서 12쪽에서

# 5

# 아이의 글을 고쳐주는 방법

화단은 가꾸면 가꿀수록 더 아름다워집니다. 거친 돌멩이를 치우고, 물을 주며, 잔가지를 잘라주고…. 이렇게 여러 번 반복할수록 화단은 점점 더 아름다워집니다. 글도 고치면 고칠수록 좋아집니다. 아이가 쓴 글을 보면 어디서부터 손을 봐야 할지, 어떻게 고치라고 해야 할지 몰라 답답할 때가 많습니다. 글은 쓰기보다 고치기가 더 어렵습니다. 글을 고칠 때 띄어쓰기 같은 맞춤법이나 글씨체 등에만 초점을 두는 경우가 많습니다. 그러나 이런 것에만 초점을 두고 고치다 보면 아이는 짜증을 냅니다. 장애물이 많다고 느끼기 때문입니다. 고쳐야 할 것은 아이가 쓴 '글씨'가 아니라, 아이가 쓴 '글'입니다. 이런 원칙을 가지고 아이의 글을 수정하는 방법을 살펴보지요.

## 1. 글에 나오는 접속사 수를 세어보게 하자

접속사는 앞과 뒤의 문장을 연결하는 기능을 합니다. 그러나 글에 접속사가 많으면 읽는 사람은 피곤해합니다. 고속 방지턱이 많은 길을 운전하는 듯한 기분입니다. 읽는 사람들은 장애물을 싫어합니다. 접속사가 없어도 글을 읽는 데는 크게 불편하지 않습니다. 대부분은 앞뒤 문장이 어떻게 연결되고 있는가를 알고 읽습니다. 따라서 글을 쓸 때는 접속사를 최대한 쓰지 않는 습관을 길러야 합니다. 이는 글을 읽는 사람에 대한 배려이기도 하고, 주장하는 글의 특징인 간결한 문장을 쓰는 연습에도 도움이 될 것입니다. 시간을 두고 공책을 보면서 접속사의 수가 얼마나 줄어들고 있는가를 확인해보는 방법도 좋습니다. 보기를 살펴보겠습니다.

[보기 1]

그래서 나는 학교로 갔다. 그리고 나는 아이들을 만났다. 그리고는 우리들은 같이 어울려 영화 얘기를 했다. 그런 얘기가 너무 재미있었기 때문에 우리들은 두 시간 동안이나 영화 얘기를 했고, 그러다 보니 한두 명은 지루하다는 생각이 들었던 까닭에 자리를 떴다. 그래서 나머지 우리들은 빵집으로 가서 하던 얘기를 했다.

앞의 글에서 접속사를 모두 빼고 나면 다음의 글이 됩니다.

나는 학교로 갔다. 아이들을 만났다. 우리들은 같이 어울려 영화 얘기를 했다. 너무 재미있어 우리들은 두 시간 동안 영화 얘기를 했고, 한두 명은 지루하다는 생각이 들어서인지 자리를 떴다. 나머지 몇 사람만 빵집으로 가서 얘기를 계속했다.

－《안정효의 글쓰기 만보》(모멘토, 2006), 43~44쪽 중에서

## 2. 문장의 주어와 서술어가 어울리는지 확인하자

주어와 서술어가 어울려야 바른 문장이 되는데, 초등학생은 주어와 서술어가 어울리지 않는 문장을 자주 씁니다. 이른바 비문입니다. 주어에 먼저 밑줄을 치고 다음에 서술어에 밑줄을 친 뒤 서로 잘 어울리는가를 살펴보게 하여 고치는 것이 효과적입니다. 자신이 쓴 글을 자신이 읽어도 어색한 부분은 금방 느낍니다.

자신의 글을 남이 읽어보고 지적한다는 것은 어른들에게도 심리적 부담인 일입니다. 아이들의 말로 표현하자면 "받아쓰기를 하고 나서 점수를 확인하는 기분"이라고 합니다. 아이들에게는 고치기 전의 글과 고친 후의 글을 비교하여 읽을 기회가 주어져야 합니다. 글을 고치는 것이 단순한 검사를 위한 과정이 아니라, 자신의 발전과 쓰기 능력의 향상을 위해서 거쳐야 하는 과정이란 사실을 인식시켜야 합니다. 몇 차례 고치고 나면 변화가 보입니다. 보여주지 않았던 자신의 글을 친구에게 펼쳐 보이기 시작합니다. 3~4명

이 그룹이 되어 각자의 글을 돌려 읽으면서, 서로 고치기를 하는 것도 좋은 방법입니다. 자신은 보지 못했던 오탈자 등이 거침없이 걸러지기 때문입니다.

## 3. 글을 지우개로 지우지 말자

아이들이 글쓰기를 하면서 가장 많이 하는 행동은 무엇일까요? 글쓰기를 할 때 자신만의 독특한 행동이 있습니다. 엎드려서 쓰는 아이, 한 글자 쓰고 하늘을 쳐다보는 아이, 내 글을 보는지 계속해서 확인하는 아이, 지우개로 자신이 쓴 글을 다 지우는 아이, 아무것도 안 하고 멍하게 앉아만 있는 아이 등. 이런 모습을 보면 역시나 글쓰기는 어려운 공부라는 사실을 확인할 수 있습니다.

그중에서도 많이 하는 행동은 지우개로 지우는 일입니다. 왼손에 지우개를 들고 있다가 쓰고 지우기를 반복합니다. 글을 쓸 때마다 이런 일을 반복하면 어떻게 될까요? 흐름이 끊어지게 됩니다. 그래서 지우개로 지우지 말라고 이야기합니다. 글을 쓰다가 틀렸거나 어색해서 고쳐야 할 것이 보인다면 두 줄로 긋고 주변에다 쓰라고 합니다. 어디가 틀렸고 어디에 오탈자가 보여서 고쳤는가를 다시 확인할 수 있기 때문입니다. 지우개를 사용하면 이런 것들이 다 지워져 다시 틀린 부분이 나옵니다. 글을 쓰며 스스로 고친 것이 많을수록 칭찬해주면, 지우개를 사용하지 않습니다.

## 4. 쓴 글을 소리 내어 읽어보자

글을 읽는 소리가 들리지 않는 시대라고 합니다. 모두가 눈으로만 읽습니다. 글을 다 쓰고 나면, 아이에게 먼저 큰 소리로 읽어보라고 하세요. 술술 읽힌다는 것이 무엇인지 알려면 큰 소리로 읽어야 합니다. 소리를 내서 읽으면 다음과 같은 행동을 합니다.

글이 마음에 들면 소리가 크지만, 어딘가 어색하면 소리가 점점 줄어듭니다. 아이가 읽는 소리만 들어도 알 수 있습니다. 오자나 탈자가 생긴 곳, 표현이 이상한 곳, 문장이 어색한 곳 등에서 소리가 작아집니다. 글이 술술 읽히지 않아서입니다. 그때 읽기를 멈추고 고치려고 합니다. 멈추지 말고 다 읽으라고 하세요. 그런 다음에 왜 읽기를 멈추었나를 물어보세요. 읽기가 어려웠던 이유를 스스로 말하게 하고 나서 그 부분을 어떻게 고쳐야 하는가를 묻습니다. 아이가 이야기한 부분들을 고치고 나서 다시 읽어보라고 한 뒤 처음과 비교해보며 스스로 다른 점을 이야기합니다. 이렇게 몇 차례 고치며 읽는 소리가 작아지는 부분이 없는가를 확인하면 좋습니다. 이런 과정을 반복하여 수정하다 보면 어느새 아이의 글이 달라졌음을 확인하게 됩니다.

@
TO DO

# 4장

# If?

## 프렙 쓰기를 활용하려면?

# 1
# 프렙으로 일기 쓰기

프렙과 일기를 연결 짓는다고 생각하면 어색할 수 있습니다. 필자도 처음에는 '틀에 맞추기 위한 방법 아닌가?', '일기까지 프렙 구조로 쓰는 것은 과하지 않나?'라고 의문을 가졌습니다. 그 답을 찾기 위해 '일기를 쓰는 목적은 무엇인가?'라는 질문을 하게 되었습니다.

일기는 자신의 행동이나 감정을 돌아보고, 성찰을 통해 성장하기 위해 씁니다. 그런데 일기를 쓰다 보면, 행동에 대한 성찰까지 도달하지 못한 채, 행동의 나열로 끝나버리는 경우가 많습니다. 더불어 있었던 일을 늘어놓다 성찰에 쓸 집중력과 에너지가 고갈되어 '좋았다', '다시 하고 싶다', '재미있었다' 정도로 성급히 마무리하기도 합니다.

성장과 성찰은 현재를 제대로 바라볼 때 가능합니다. 일기에 프렙이 접목되면 겪은 일이나 감정 등에 대해 좀 더 명확하게 생각하고 구체적으로 표현하게 됩니다. 이러한 과정은 문제의 직시에서 문제의 해결, 더 나아가 성장과 성찰을 이끄는 발판이 됩니다.

'공부의 신'으로 유명한 강성태가 운영하는 사이트 '공신닷컴'에서는 66일 동안 공부 일기를 쓰면 수강료 전액을 돌려준다고 합니다. 자신의 인지 활동에 대해 알고 이를 조절할 수 있는 능력을 '메타인지'라고 하는데, 일기 쓰기가 메타인지를 기르는 데 매우 효과적이기 때문이라고 합니다. 꼭 공부 일기가 아니더라도 일기의 이러한 효과에 대해 부정할 사람은 없을 것입니다.

그러면 이렇게 좋은 일기를 잘 쓰기 어려운 이유는 무엇일까요? 일기 쓰기에 대해 가장 많이 받은 질문은 다음의 두 가지였습니다.

"매번 쓸 것 없다는 아이를 어떻게 도와줘야 하나요?"

"한 일만 늘어놓는 스케줄러 일기는 어떻게 해야 달라질 수 있나요?"

질문 : 매번 쓸 것 없다는 아이를 어떻게 도와줘야 하나요?

답 : 경험, 감정, 바람 중심의 일기를 써보게 하세요.

일기 쓰기의 첫 단계는 그날 한 일을 머릿속에 떠올리는 것입니다. 그런데 오늘 하루는 특별한 것이 없었다는 생각이 들면 '쓸거리가 없다'라고 결론 내리게 됩니다. 생각이나 느낌은 특별한 일이 있지 않은 이상 일기장이라는 무대에 오를 기회조차 없는 게 현실입니다.

> 제목: 매일 같은 하루
> 오늘은 수요일. 오늘도 온라인을 한다. 그리고 영어 숙제를 하고 영어학원을 갔다 오면 6시 30분. 시간은 참 빠른 것 같다.
> 지금 학교 숙제를 하는 중이다. 지금은 6시 30분. 7시쯤이면 학교 숙제를 끝낼 수 있을 것 같다. 끝내지 못할 수도 있다. 수학 6단원과 독서록을 쓴 뒤 시간을 보고 오겠다. 지금은 6시 58분. 수학책을 풀고 독서록을 썼다. 그리고 이제 게임을 할 예정이다. 코로나 때문에 밖에 나갈 수도 없어서 일기가 이런 것 같다.
>
> – ○○초등학교 6학년 학생의 일기

지난 한 학기 동안 "코로나 때문에 아무것도 못 해서 일기 쓸 게 없다", "매일 똑같아서 일기 쓸 게 없다"라고 적힌 일기를 얼마나 많이 봤는지 모릅니다. 이럴 때는 한 일을 쓰는 것도 일기지만, 어떤 주제나 문제 등에 대한 자기 생각이나 감정, 상상이나 바라는 점을 써보는 것도 일기가 된다는, 생각의 전환을 이끌어줄 필요가 있습니다. 앞의 일기도 자신의 일상을 죽 늘어놓았지만, 매일 같은 하루에 대한 자신의 감정, 바람을 좀 더 자세히 쓴다면, 충분히 의미 있는 이 시대의 일기가 될 수 있습니다.

질문 : 한 일만 늘어놓는 스케줄러 일기는 어떻게 해야 달라질 수 있나요?

답 : 프렙 단계를 거치며 살을 붙이라고 하세요.

아이들의 일기를 보면 "오늘은 무엇을 했다" 또는 "오늘은 무슨 날이다"라고 시작하는 경우가 많습니다. 무엇이 문제일까요? 일기에 프렙 단계를 대입해봅시다. 주장은 많지만 이유, 예시, 정리는 없을 것입니다. 일기가 아닌 스케줄러가 되는 것이지요.

프렙 단계를 거치며 일기를 쓰면 R(이유), E(예시), P′(정리)를 써 내려가며 자신의 경험이나 생각을 돌아보고 정리하여 성찰에 도달하게 됩니다. 그 과정을 통해 일기의 내용이 풍부해지고 양까지 늘어나는 것은 당연한 순서입니다. 그러다 보면 스케줄러가 나만의 에세이가 되는 순간이 옵니다.

## 일주일이면 완성하는 프렙 일기 쓰기

프렙 일기는 일주일이면 익혀 쉽게 쓸 수 있습니다. 워밍업에 해당하는 1~2일 차에는 일기와 프렙의 연결고리를 경험한 뒤, 실전에 해당하는 3~5일 차에 세 가지 종류의 일기를 씁니다. 이러한 과정을 통해 일기를 조금 더 명료하고 편하게 쓸 수 있는 구조를 익히게 됩니다.

일주일 투자로 평생 작가가 될 수 있는 길이 열린다면 도전해볼 가치가 있지 않을까요? 편안하게 시작해도 됩니다.

**〈프렙 일기 일주일 완성 계획〉**

1일 차 : 프렙 구조에 맞춰 분석하기

2일 차 : 프렙을 이끄는 문장 찾기

3일 차 : 경험 중심 일기

4일 차 : 감정 중심 일기

5일 차 : 바람(상상) 중심 일기

일기에서는 PREP′ 중 마지막 P의 내용이 처음 P와 조금 달라지는 부분이 있어 P′라고 구분해 씁니다. 이후의 내용에 참고하면 이해하기 쉽습니다.

## 1일 차 프렙 구조에 맞춰 분석하기
### - 일기 다시 보기

PREP' 일기를 처음 쓸 때는 어색할 수 있습니다. 일기가 주장하는 글이 된 것 같은 느낌도 듭니다. 아이 역시 "왜 그냥 쓰면 되는데 복잡하게 프렙 구조로 써야 해?"라고 물을 수 있습니다. 우선 기존의 일기를 프렙 구조에 맞춰 분석해보고 바꿔 써보며 프렙 일기의 장점을 체감해봅니다. 다음은 일기 쓰기를 처음 배우는 1학년 교과서 속 예시로 기본적인 형식의 일기입니다.

20○○년 6월 30일 금요일
날씨: 해님이 웃는 날
규리 집에서 생일잔치
를 했다. 통닭과 과자를
맛있게 먹었다. 내 생일
도 빨리 왔으면 좋겠다


- 2015교육과정 1학년 1학기 국어-나 교과서 예시

이 일기를 프렙 구조에 맞춰 살펴봅시다. 일기에는 R과 P′가 빠져 있습니다. 아이는 왜 내 생일이 빨리 돌아오기를 바라는 것일까요? 바람에 대한 이유가 없습니다. 일기를 쓰며 자신의 마음을 찬찬히 살펴보지 못했을 겁니다. 아이는 자신의 생일에 다시 한번 맛있는 음식을 많이 먹고 싶어서 생일이 빨리 오기를 바랐을 것입니다. 앞의 일기를 프렙 일기로 바꿔보았습니다.

날짜 : 2000년 6월 30일

**P** : (나는) 생일이 빨리 돌아왔으면 좋겠다.

**R** : (왜냐하면) 생일에는 맛있는 것을 많이 먹을 수 있기 때문이다.

**E** : (예를 들면) 규리네 집에서 생일잔치를 했는데 통닭과 과자를 맛있게 먹었다.

**P′** : (그러므로) 내 생일도 빨리 와서 친구들이랑 바삭한 닭 다리를 뜯고 싶다.

이렇게 바꾸니 친구 생일잔치의 구경꾼에서 다음 생일의 주인공으로 일기의 화자가 바뀐 느낌이 듭니다. 몇 줄 안 되지만, 자기 생각이 담긴다는 것은 일기에서도 이렇게 명확한 차이를 느끼게 해줍니다.

**하나씩 해봐요~**

①일기장을 준비해요.

②프렙 분석표를 준비해요.(아래와 같은 간단한 표예요.)

| | | |
|---|---|---|
| P | 생각을 표현한 문장 | |
| R | 이유나 근거를 쓴 문장 | |
| E | 예시나 경험을 쓴 문장 | |
| P’ | 결론이나 바람을 쓴 문장 | |

③있는 것을 해당하는 칸에 쓰세요.

④없는 것을 생각해서 쓰도록 질문해요.

· P가 없을 때: 일기를 통해 하고 싶은 말이 뭐야?

· R이 없을 때: 왜 그렇게 생각했어?

· E가 없을 때: 구체적으로 ○○이 경험을 써볼까?, 예를 들어 줄 수 있니?

· P′가 없을 때: 강조하는 느낌이 들게 마지막 한마디를 써볼까?

⑤처음 일기와 바뀐 일기를 다시 읽어봐요.

⑥일기를 바꿔 쓰고 달라진 느낌을 이야기 나눠요.

★다시 쓰기 힘들어한다면 각 문장의 머리에 ‘P’, ‘R’, ‘E’, ‘P′’라고 표시하는 방법도 좋습니다. 이런 경우 빠진 부분에 대해 질문하고 답하는 방식으로 구체적인 생각을 표현해보면 좋습니다.

## 2일 차 경험, 감정, 바람 문장 찾기
- 프렙을 이끄는 문장 찾기

2일 차에는 일기에서 하고 싶은 말을 P로 선택해 프렙 구조로 자세히 써보는 단계입니다. 이 과정은 중심이 되는 부분에 집중해서 쓰는 경험을 통해 일기의 제목에 맞는 통일성 있는 글을 쓸 수 있게 해줍니다. 써놓은 일기에 P로 쓰기 적절한 문장 1~2개에 밑줄을 긋습니다. 이때 P로 하기 좋은 문장은 크게 3종류로 첫째, 경험을 표현한 문장(무엇을 했다), 둘째, 감정을 표현한 문장(기분이 어땠다), 셋째, 바람을 표현한 문장(여러 사람이나 특정인에게 하고 싶은 말, 상상하는 말)입니다.

### 프렙을 이끄는 P 찾기

| | |
|---|---|
| 경험 표현 | · 2박 3일 동안 색다른 캠핑을 다녀왔다.<br>· 오늘은 할머니 생신 파티를 했다.<br>· 숙제를 안 해 가서 반성문을 썼다. |
| 감정 표현 | · 오늘은 피곤한 하루다.<br>· 나는 지금 너무 속상하다.<br>· 올챙이가 정말 신기했다.<br>· 남동생이 진짜 짜증 난다. |
| 바람 표현 | · 나도 언젠가는 멋지게 피아노를 치고 싶다.<br>· 담배꽁초를 함부로 버리지 않았으면 좋겠다.<br>· 나도 휴대폰을 바꾸고 싶다. |

앞의 예시와 다르게 더 짧은 문장도 괜찮습니다. 그 경우 짧은 문장을 완성형 문장으로 바꿔 P라고 정해주면 아이들은 좀 더 쉽게 써 내려갈 수 있습니다. 만약 써놓은 일기가 없거나 일기에서 P를 찾기 어렵다면, 예시 문장을 활용해 하고 싶은 말이 많은 문장을 만든 뒤 일기를 쓰기 시작해도 좋습니다.

다음은 동생 때문에 스트레스를 많이 받는 아이의 일기입니다.

> 날짜 : 2019년 5월 15일
>
> 제목 : 너무 빠른 동생
>
> 동생이 나를 놀려서 화가 났다. 나는 동생을 쫓아갔다. 하지만 동생은 재빨리 달아나버렸다. 계속 따라가니까 너무 힘들었다. 동생에게 큰 소리로 이제 그만하자고 했다. 동생도 받아들였다. 동생과 사이좋게 지내야 좋은 것 같다.
>
> – PREP로 쓰기 전의 3학년 학생 일기

일기에서 하고 싶은 말이 분명하게 느껴지지 않습니다. '동생이 나를 놀려서 화가 났다(감정을 표현한 문장)'와 '동생과 사이좋게 지내야 좋은 것 같다(여러 사람에게 하고 싶은 말)'에 줄을 긋고 어떤 이야기가 더 하고 싶은지 물었습니다. 아이는 첫 번째 문장을 선택하고 다음과 같이 바꿔 썼습니다.

날짜 : 2020년 6월 30일

제목 : 동생아 이제 좀 그만해!

P : (나는) 동생이 나를 놀려서 화가 났다.

R : (왜냐하면) 이게 처음이 아니라 매일 반복되기 때문이다.

E : (예를 들면) 동생은 툭하면 내 엉덩이를 치고 가거나 나한테 달라붙으면서 "말랑말랑" 하고 말하면서 간다. 내가 뚱뚱하다고 놀리는 거다. 또, 오늘은 내가 화를 내니까 소리를 지르며 도망가서 잡으려고 했더니 재빨리 달아나버려 결국 잡는 것을 포기했다.

P′ : (그러므로) 나는 더 화가 났다. 가끔 엄마는 그럼 너도 똑같이 놀리라고 하지만 나는 그게 나쁜 행동인 것을 아니까 잘 안 된다. 제발 내일은 동생 때문에 화날 일이 없으면 좋겠다.

– PREP로 쓴 3학년 학생 일기

이렇게 일기를 바꿔 쓰니 제목도 자신의 감정, 즉 하고 싶은 말로 바뀌었고, 글쓰기가 자신의 진짜 속마음을 스스로 알아가는 과정이 되었습니다. 글쓴이의 동생도 누나의 마음을 더 잘 알게 될 것입니다. 프렙 일기는 자신의 감정을 정리하고 이해시키는 데에도 도움이 됩니다.

**하나씩 해봐요~**

①프렙을 이끄는 문장의 종류를 확인해요.

· 경험을 표현한 문장 : 무엇을 했다.

· 감정을 표현한 문장 : 기분이 어땠다.

· 바람을 표현한 문장 : ~하겠다. ~하면 좋겠다.

②일기의 P가 될 수 있는 문장을 1~2개 선택해서 줄을 그어요. (일기장이 없다면 예시 문장을 활용해요.)

③아이에게 무슨 말을 하고 싶은지 물으며 P를 만들어요.

④P를 시작으로 REP′를 채워가며 일기를 완성해요.

★ 아이가 선택을 어려워하거나 너무 간결한 P일 경우, 완성형 문장의 P를 정해 제시해도 좋습니다.

★ 아이의 일기장에 줄을 그을 때는 파란색 펜으로, 줄 끝에는 하트나 별을 그려 틀린 것이 아니라 특별한 것이라는 느낌을 주세요.

## 3일 차 경험 중심 일기 쓰기

- 그 일은 어떤 의미가 있었나요?

3일 차는 아이들이 가장 많이 쓰는 경험 중심 일기를 써보는 단계입니다. 이때 한 일의 나열로 끝나지 않도록 프렙 글쓰기 방법을 접목합니다.

모든 글쓰기가 그렇듯 첫 단계는 쓸 거리를 떠올리는 것입니다. 이때 가장 중요한 것은 '내가 이것과 관련해서 할 말이 있는가?'입니다. 자발적 글쓰기가 되려면 스스로 말하고 싶은 소재를 선택하는 것이 중요합니다. 그 후 선택한 소재에 대해 어떤 말을 하고 싶은지 떠올리는 과정은 생각하는 힘을 키우고 논리적 사고를 할 수 있도록 돕습니다. 쓸 거리는 한 일, 본 일, 들은 일로 나누어 생각해볼 수 있습니다.

오늘 한 일, 본 일, 들은 일 생각하기

· 아침으로 먹은 김치김밥.
· 키 크기 스트레칭을 두 번 한 거.
· 피아노학원에서 어려운 곡을 치는 언니를 본 거.
· 내가 좋아하는 연예인이 나온 방송 본 거.
· E-학습터에서 선생님 목소리 들은 거.
· 공부하라는 잔소리 들은 거.

앞에서 떠올린 쓸 거리 중 가장 할 말이 많은 것을 선택한 뒤, P가 되도록 하나의 문장으로 만듭니다. 이때 P가 되는 문장에 꾸며주는 말들을 더하면 REP'를 채우기가 쉬워집니다.

쓸 거리가 P로 바뀐 모습 : 어떠한 (　　)을 ________다.

· 아침으로 맛있는 김치김밥을 먹었다.

· 일찍 일어나서 키 크기 스트레칭을 두 번 했다.

· 피아노학원에서 어려운 곡을 치는 언니를 봤다.

· BTS가 음악방송에서 1위를 했다.

· E-학습터에서 처음으로 선생님 목소리를 들었다.

· 오늘도 공부하라는 엄마의 잔소리를 들었다.

시작이 반이라는 말이 있듯이, 프렙 일기도 첫 문장 P를 썼다면 반 이상 썼다고 해도 과언이 아닙니다. 이제 P로 정한 경험에 대해 느낌과 생각이 드러나게 일기를 쓰면 됩니다.

R단계에는 경험의 이유, E단계에는 자신이나 가족, 친구의 경험, P′단계에는 생각이나 바람, 배운 점 등을 쓰면 한 일의 나열을 능가하는 일기를 쓸 수 있습니다.

REP′를 다 채우고 난 뒤 일기를 다시 읽고, 하고 싶은 말이 잘 드러나도록 제목을 붙이면 경험 중심 일기가 완성됩니다. 보통은 일기의 제목을 먼저 쓰지만, 프렙 일기에서는 P라는 출발선이 있으므로 다 쓰고 난 뒤 하고 싶은 말을 드러내기 좋은 제목을 붙이는 순서로 진행해도 좋습니다.

먼저 보통 일기를 쓰라고 하면 아이들이 많이 쓰는 한 일 중심 일기를 보겠습니다.

날짜 : 2020년 6월 15일

제목 : 책상 정리

오늘 내 책상 정리를 했다. 평소에 신경을 별로 안 썼더니 너무 지저분해졌다. 그래서 오늘 청소를 열심히 했다. 치우다가 이것저것을 발견했다. 보물 탐사대가 된 느낌이었다. 그렇게 나는 여러 가지 보물을 발견했다. 책상을 다 치우고 나니까 뿌듯해졌다. 게다가, 엄마에게서 칭찬도 받았다. 이런 게 바로 일석이조인가? 기분도 좋고 칭찬까지! 평소에 자주자주 해야겠다.

– PREP로 쓰기 전의 3학년 학생 일기

내용은 다 들어 있는 것 같은데, 문장의 호응이 어색한 부분이 있고, 보물이 무엇이었는지도 궁금해집니다. 실제 경험에 대한 부분이 구체적이지 않기 때문입니다. 이 일기를 프렙 일기 쓰기 방식에 따라 고쳐 쓰도록 지도하니 다음처럼 변했습니다.

날짜 : 2020년 6월 15일

제목 : 일석이조 책상 정리

**P** : (나는) 오늘 오랜만에 내 책상 정리를 했다.

**R** : (왜냐하면) 평소에 신경을 별로 안 썼더니 너무 지저분해졌기 때문이다.

**E** : (예를 들면) 책상 위도 치우고 서랍도 치우고 낙서도 지웠다.

치우다 보니 소중하다고 생각했었는데 잃어버렸던 물건들이 이것저것 나왔다. 특히 어릴 때부터 아끼던 보석이 박힌 미키마우스 열쇠고리를 발견했을 때는 보물 탐사대가 된 느낌이었다. 그렇게 나는 여러 가지 보물을 발견했다.

**P′** : (그러므로) 책상을 다 치우고 나니 방이 너무 깨끗해져서 뿌듯했다. 게다가 엄마께 칭찬도 받았다. 이런 것이 바로 일석이조! 기분도 좋고 칭찬까지~! 앞으로도 평소에 자주자주 책상 정리를 해야겠다.

– PREP로 고쳐 쓴 3학년 학생 일기

이러한 과정을 반복하다 보면 아이들은 일기를 쓸 때 머릿속으로 구조를 생각하게 되고 각 단계의 구성 내용에 충실한 일기를 쓰려고 노력합니다.

날짜 : 2020년 8월 30일

제목 : 키 크기 스트레칭

**P** : (나는) 일찍 일어나서 키 크기 스트레칭을 두 번 했다.

**R** : (왜냐하면) 성장이 멈추기 전에 많이 커야 하기 때문이다.

**E** : (예를 들면) 나는 2학년 때부터 성조숙증 검사를 받고 병원에 다녔는데, 성조숙증은 아니지만 뼈 나이가 진짜 나이보다 많다고 했다. 그런데 며칠 전 병원에 갔을 때 지금 키가 많이 커야

하는 시기인데 생각보다 안 커서 주사를 맞을 수도 있다고 했다.

**P′** : (그러므로) 나는 앞으로도 키 크기 스트레칭을 열심히 할 것이다. 외모보다 마음이 더 중요하긴 하지만, 외모도 예쁘고 마음도 예쁘면 일석이조 아닐까? 그리고 키 크기 스트레칭이 더 효과를 볼 수 있도록 편식은 줄여야겠다.

- PREP로 고쳐 쓴 4학년 학생 일기

일기의 특성상 프렙에 이끄는 말을 넣어 쓰면 다소 어색하기도 합니다. 그러나 이끄는 말 자체가 각 단계의 특징을 좀 더 잘 드러내고 쓰기를 돕기 위한 수단이기 때문에 괜찮습니다.

**하나씩 해봐요~**

①한 일, 본 일, 들은 일 중 쓸 거리를 정해요.

②쓸 거리 중 가장 할 말이 많은 것을 "어떠한 ( )을 ____다" 형태의 P로 바꿔요.

③느낌, 배움, 생각을 바탕으로 REP′를 채워요.

**P** : 꾸며주는 말을 넣은 경험을 표현한 문장 쓰기

**R** : 경험하게 된 이유나 까닭 쓰기(왜냐하면…)

**E** : 나, 가족, 친구 등의 구체적 경험 쓰기

**P′** : 생각한 점, 배운 점, 바람 쓰기

④하고 싶은 말이 잘 드러나는 제목을 써요.

## 4일 차 감정 중심 일기 쓰기
### - 왜 그런 감정을 느꼈나요?

심리학자 제임스 페니베이커는 여러 연구를 통해 '내가 왜 이런 감정을 느끼고 있는지' 분석하며 글을 써 내려가는 행위가 부정적인 감정을 해소하고 스트레스를 줄이며, 실제 문제 해결에도 큰 도움이 된다는 사실을 밝혔습니다. 그는 이러한 글쓰기를 '표현적 글쓰기'라고 했는데, 감정 중심 일기가 표현적 글쓰기에 해당합니다.

감정 중심 일기의 첫 단계는 '내 마음 신호 살피고 P 만들기'입니다. 감정 중심 일기를 쓰려면 자신이 현재 어떤 감정인지 살펴야 합니다. 빨간불은 부정적인 감정, 초록불은 긍정적인 감정, 노란불은 중간적인 감정을 의미합니다. 마음의 신호 중 하나의 감정을 선택하여 첫 문장 P를 완성할 수 있습니다.

| 빨간불 | 노란불 | 초록불 |
|---|---|---|
| 화가 난다.<br>슬프다.<br>짜증 난다.<br>____이 싫다. | 피곤하다.<br>지루하다.<br>졸리다.<br>지겹다. | 행복하다.<br>기쁘다.<br>재미있다.<br>신난다. |

(예: 나는 오늘 아주 슬프다. 오늘 온라인 수업은 너무 지루했다.)

내가 어떤 감정을 느끼고 있는지 확인했다면 왜 그런 감정을 느끼는지 살펴야 합니다. "왜냐하면 친구가 전학 가기 때문이다." "왜냐하면 좋아하는 드라마가 종영했기 때문이다." "왜냐하면 휴대폰이 고장났기 때문이다." 이렇게 감정에 대한 이유 R을 씁니다. 이 과정만으로도 자신의 감정을 이해하는 데 도움이 됩니다.

감정에 대한 이유를 썼으면 이제 E 쓰기 즉, '경험 털어놓기'를 합니다. 이때 객관적 사실보다는 상황과 그때의 감정을 구체적으로 쓰는 것이 좋습니다. 아이가 자신의 이야기를 잘 표현할 수 있도록 '솔직히', '사실은', '실제로', '~했을 때'라는 단어들을 사용하여 예시나 경험 E를 쓰게 하면 좋습니다. 아이는 그 내용을 구체적으로 표현하는 과정에서 수다와 비슷한 해소의 감정을 느끼게 됩니다. 만약 선택한 감정이 부정적인 감정에 가까웠다면 더욱 그렇습니다.

감정 중심 일기의 마지막 단계는 '감정 정리하기'입니다. 긴 수다를 떨었지만 남는 것은 없는 듯한 공허함을 느껴본 적이 있나요? 털어놓기만으로 자신의 감정이 정리되지는 않습니다. 털어놓기 이후의 마무리가 있어야 정리가 됩니다. 현재의 지배적인 감정이 정리되어야 다음 단계로 나아갈 수 있습니다.

따라서, P′를 셀프 칭찬이나 위로 또는 나의 감정의 근원이 된 사건이나 사람에게 한마디 하는 것으로 정리하면 좋습니다.

자신을 칭찬하거나 위로하기가 쉽지는 않습니다. 하지만 내 마음 상태를 나보다 잘 아는 사람도 없기에 셀프 칭찬과 위로는 큰 도움이 됩니다. 아이들의 일기 중 하나를 감정 중심 일기로 바꿔 쓰는 과정을 살펴보겠습니다.

날짜 : 2020년 7월 15일

제목 : 피아노 천재 아빠

할머니께 우리 아빠께서 피아노를 아주 잘 친다는 이야기를 들었다. 나는 궁금해졌다. 우리 아빠의 일상은 일어나서 식사하실 때나(식사하시면서도 휴대폰으로 스포츠를 볼 때도 있다) 잠깐 거실에서 놀 때를 빼고 하루 종일 스포츠만 보시는 아빠께서 피아노를 잘 치셨다고? 음… 치는 모습이 궁금해졌다. 그러다가! 아빠께서 쳐보겠다고 하셨다. 손가락을 보니까 번개인 줄 알았다. 나도 언젠가 멋지게 치고 싶다.

– PREP로 쓰기 전의 3학년 학생 일기

일기를 보면 아빠의 예상치 못한 모습을 보았다는 내용이 핵심입니다. 그래서 일기를 쓴 아이에게 그 모습을 보고 어떤 느낌이었는지 묻자 '깜짝 놀랐다'는 답을 들었습니다. 그래서 깜짝 놀랐다는 감정을 P로 시작해 일기를 쓰도록 했습니다. 그리고 E부분은 어떤 곡을 들었는지 왜 번개를 떠올렸는지 물으며 그 순간을 생각해보게 했습니다.

날짜 : 2020년 7월 15일

제목 : 나를 놀라게 한 피아노 천재 아빠

**P** : (나는) 오늘 나는 정말 깜짝 놀랐다.

**R** : (왜냐하면) 평소에 핸드폰으로 스포츠 게임을 하거나 컴퓨터만 하던 아빠의 완전히 새로운 모습을 보았기 때문이다.

**E1** : (예를 들면) 내가 피아노 연습을 하는 것을 보시고 할머니께서 아빠도 어릴 때 피아노를 잘 쳤다고 하셨다. 나는 그게 사실인지 궁금해졌다. 그런데 그때 아빠가 한번 쳐보겠다고 하시며 크시코스의 〈우편마차〉를 연주해주셨다. 아빠의 손가락이 너무 빨리 움직여서 번개인 줄 알았다. 그리고 연주도 너무 듣기 좋았다.

**P′** : (그러므로) 오늘 아빠한테 깜짝 놀란 만큼, 나도 언젠가는 아빠를 깜짝 놀라게 할 만큼 멋진 피아노를 연주하고 싶다.

– PREP로 고쳐 쓴 3학년 학생 일기

비교해서 읽어보면 내용은 풍부해지고 구조가 한눈에 보이며 읽기 쉬워진 느낌이 듭니다. 흔히 감정과 이성을 대립 구조로 이해하며 감정적이면 정돈이 덜 되어 무슨 말인지 한 번에 파악하기 어렵다고 합니다. 하지만 감정 중심 일기는 그 내용이 명료합니다. 또 다른 감정 중심 일기를 한 편 소개합니다.

날짜 : 2020년 8월 19일

제목 : 은영아 안녕~ ㅠ.ㅠ

**P** : (나는) 오늘 은영이와 같이 놀았지만, 너무 슬펐다.

**R** : (왜냐하면) 은영이가 이제 서울로 이사 간다는 이야기를 들었기 때문이다.

**E** : (예를 들면) 은영이는 나랑 같은 동에 살고, 1학년 때 같은 반이어서 처음 이사 왔을 때부터 많이 놀았다. 우리 집에서도 여러 번 놀아서 추억이 많다. 그런데 이제 이사 가면 볼 수 없을 거라는 생각을 하니 더 슬펐다.

**E2** : (또 다른 예로) 1학년 때 중국으로 간 예윤이도 연락하자고 했었지만 딱 한 번 연락했다. ㅠ.ㅠ 게다가 나는 휴대폰이 없어서 연락하기가 더 힘들다.

**P'** : (그러므로) 나는 오늘 아주 슬프다. 다음 주 월요일이면 은영이네 짐이 모두 나간다고 한다. 그래도 은영이한테 가서 잘 지내라고 말하고 싶다. 은영아 안녕~~~ ㅠ.ㅠ

– PREP로 쓴 3학년 학생 일기

**하나씩 해봐요~**

①마음 신호등을 살펴요.

빨간불, 노란불, 초록불

→ 감정 표현 문장으로 P 만들기

②감정을 느끼는 이유를 써요.

→ 왜냐하면 ~때문이다. R 쓰기

③자신의 경험을 털어놓아요.

→ 솔직히, 실제로, ~했을 때로 E 쓰기

→ 사례나 경험이 많으면 E1, E2, E3…로 늘려 쓰기

④감정을 정리해요.

→ 셀프 칭찬, 위로, 감정의 상대에게 한 마디 P' 쓰기

## 5일 차 바람(상상) 중심 일기 쓰기
- 바라는 이유가 무엇인가요?

바람과 상상은 아직 일어나지 않은 일이라는 공통점이 있습니다. 제목만 보면 '이게 뭔가?' 할 수 있지만, 아이들은 이런 일기를 많이 쓰고 있습니다.

날짜 : 2014년 12월 10일

날씨: 시원, 추움

제목 : 내가 원하는 크리스마스 선물! 글라스데코

**P** : (나는) 크리스마스 선물로 글라스데코를 갖고 싶다.(글라스데코는 유리창이나 베란다 문에 붙이는 스티커를 만드는 것이다.)

R : (왜냐하면) 유리창에 붙인 스티커가 예쁘고 직접 만들어서 붙이면 더 예뻐 보이고 행복하기 때문이다.

E : (예를들면) 나의 사촌 언니인 유원이 언니도 글라스데코를 가지고 있는데 여러 가지 모양을 만들어서 꾸민 것이 너무 멋져 보였다.

P′ : (그러므로) 이번 크리스마스에는 꼭 글라스데코를 받고 싶다.

– PREP로 쓴 3학년 학생 일기

아이들이 바라는 것(~을 갖고 싶다, ~이 되고 싶다, ~했으면 좋겠다)에 대해 쓰는 일기가 바람 중심 일기라면, 재미있는 소재(내가 엄마라면, 투명 인간이 된다면, 어른이 된다면, 복권에 당첨된다면)에 대해 구체적으로 상상해 쓰는 일기가 상상 중심 일기입니다.

| 바람 중심 일기 | 상상 중심 일기 |
| --- | --- |
| ___을 갖고(하고) 싶다.<br>___가 ____했으면 좋겠다. | 만약 ____ 한다면 ____하겠다.<br>만약 ____ 된다면 ____하겠다. |

바람(상상) 중심 일기의 첫 단계는 바람(상상)을 'P로 표현하기'입니다. 마스크 착용이 의무화되었는데 길을 가다 마스크를 쓰지 않은 사람을 보았을 때, '마스크를 꼭 착용했으면 좋겠다'라는 P를

시작으로 바람 중심 일기를 쓸 수 있습니다. '복권에 당첨된다면 멋진 캠핑카를 사겠다'를 P로 정해 상상 중심 일기를 쓰기 시작할 수도 있습니다. 기분 좋은 미래를 상상하는 것은 일기 쓰기 자체를 즐겁게 만들 수 있습니다.

두 번째 단계는 '바라는 이유 생각하기'입니다. 우리는 다양한 바람을 갖고 살지만, 그 바람이 꼭 필요하지 않은 경우도 있습니다. 반대로 꼭 이루어야 하는 바람이기 때문에, 구체적인 계획이 필요한 경우도 있습니다. 바라는 이유 R을 생각하는 단계를 통해 아이들은 조금 더 가치 있는 바람과 상상을 하게 됩니다. 또 이 과정을 통해 자신의 바람이나 상상의 실현 가능성도 살피게 됩니다.

세 번째 단계는 '구체적으로 살피기'입니다. 일반적으로 아이들의 요구는 구체적인 이유나 믿을 만한 사례가 동반되지 않기 때문에 쉽게 받아들여지지 않습니다. 구체적으로 살피기는 실제 예시나 가정을 생각하고 쓰는 과정을 통해 논리적이고 설득력 있는 사고를 돕습니다. 바람이 현실이 되는 데 더 가까워지겠지요.

마지막 단계는 '바람 재강조하고 미래 예측하기'입니다. 바람을 재강조하고 그 바람이 이루어진 미래를 예측하는 내용으로 P′를 채우는 것입니다. 우리가 쓰던 논설문의 결론과 비슷하다고 생각하면 이해하기가 쉽습니다.

날짜 : 2020년 7월 20일

제목 : 나만 없는 핸드폰

**P** : (나는) 엄마가 나에게 핸드폰을 사주면 좋겠다.

**R1** : (왜냐하면) 친구와 대화하고 친해지는 데 꼭 필요하기 때문이다.

**E1** : (예를들면) 코로나 때문에 일주일에 한 번만 학교에 가는데, 애들이 만나면 핸드폰 게임 이야기만 한다. 그런데 나는 핸드폰이 없어서 할 말이 없다.

**R2** : (왜냐하면) 또 핸드폰이 있으면 연락을 주고받기 편하다.

**E2** : (예를 들면) 저번에 피아노 끝나고 할머니랑 만나기로 했는데, 할머니가 없어서 기다리는 동안 걱정이 많이 됐다. 핸드폰이 없었기 때문이다.

**P′** : (그러므로) 친구랑 친해지고, 걱정도 줄여주는 핸드폰을 사줘야 한다. 그러면 나는 더 바랄 것이 없고, 공부도 더 열심히 할 것이다.

– PREP로 쓴 4학년 학생 일기

프렙 일기 쓰기는 자신의 경험이나 감정, 생각을 구체적으로 표현하고 써가는 과정에서 스스로에 대해 깊게 생각할 기회를 제공

한다는 장점이 있습니다. 그리고 그 생각을 표현하는 과정이 나만의 글을 쓸 수 있도록 도와줍니다.

이번에는 바람 중심 일기로 바꿔보았습니다.

날짜 : 2021년 1월 4일

제목 : 코로나19

요즘 코로나 때문에 너무 힘들다. 학교도 못 가고 밖에서는 꼭! 마스크를 써야 한다. 너무 답답하다. 어디 놀러 가지도 못한다. 5인 이상 만나면 안 되고 2가구 이상 만나도 안 된다. 코로나19는 신종바이러스인데 아직 백신이 제대로 개발되지 않았다. 치료제를 발명했다는 곳이 있긴 하지만 아직 안전한지는 잘 모른다. 그런데 백신을 사는 것도 쉽지 않다고 한다. 아니! 지금 세계가 난리가 났는데 돈이 문젠가? 지금 빨리 싸게 팔아서 코로나19를 없애야지! 아무튼 너무 힘들다. 빨리 코로나19가 파괴되면 좋겠다.

– PREP로 쓰기 전의 4학년 학생 일기

일기에는 코로나19 때문에 힘든 마음이 잘 드러나 있고 빨리 코로나가 없어지기를 바라는 마음도 드러나 있습니다. 이 바람을 P로 시작해서 프렙 일기에 맞춰 고쳐봤습니다.

날짜 : 2021년 1월 4일

제목 : 코로나19 파괴!!!

**P** : (나는) 빨리 코로나19가 없어지면 좋겠다.

**R1** : (왜냐하면) 너무 힘든 점이 많기 때문이다.

**E1** : (예를들면) 일단 학교에 잘 못 간다. 일주일에 한 번밖에 못 간 적도 있고, 겨울방학 개학하고 나서는 하루도 못 갔다. 그러다 보니 친구들을 못 만나서 너무 아쉽다.

**E2** : (예를 들면) 그리고 너무 답답하다. 5인 이상 만나면 안 되고, 2가구 이상 만나도 안 된다. 계속 집에만 있고 놀러 가지도 못한다. 그리고 어쩌다 한 번 밖에 나갈 때에는 꼭 마스크를 써야 하는 것도 답답하다.

**P′** : (그러므로) 코로나19 바이러스를 예방할 백신도 잘 만들어지고, 걸린 사람들을 치료할 수 있는 치료제도 빨리 만들어져서 코로나19가 파괴되면 좋겠다. 5학년 때는 애들이랑 운동장에서 마스크 벗고 신나게 피구할 날이 오면 좋겠다.

- PREP로 고쳐 쓴 4학년 학생 일기

프렙의 뼈대 위에 살을 붙이면 나만의 에세이를 쓸 날도 머지않습니다.

아이가 평생 작가가 되는 길을 같이 가보지 않겠어요?

**하나씩 해봐요~**

①바람(상상)을 P로 표현해요.

②바람이나 상상의 이유로 R을 써요.

③구체적인 사례나 가정으로 E를 써요.

④바람 정리와 미래 예측으로 P′를 써요.

프렙으로 고쳐 쓰는 과정을 지도했던 사례를 소개합니다. 다음의 단계를 거치면 하고자 하는 말이 분명하고 일관성이 있으며 논리적 흐름이 분명한 글이 됩니다.

①쓴 글에서 '확인해보세요'를 활용해 PREP′에 해당하는 문장을 찾아봅니다.

②다음 쪽의 워크북에 PREP′ 문장을 적으면서 빠진 부분은 채워 넣습니다.

③차례대로 문장을 이어 완성합니다.

### 〈감정 중심 일기 예시〉

## 오늘의 일기

날짜 : 2019 년 5월 12일

제목 : 대청소

오늘 집에서 대청소를 했다. 정확히 말하면 집 안에서 쓸모없는 것을 버렸다. 나는 정말 기분이 좋았다. 하지만 내 동생은 무조건 안 버린다. 그래서 동생이 없을 때만 마음 놓고 버릴 수 있다. 나는 정말 신중하게 버릴지, 버리지 않을지를 선택했다. 꺼내 보니 버릴 것이 무지하게 많았다. 대청소 후 저녁은 김밥이었다. 청소하고 먹으니 정말 맛있었다.

– PREP로 쓰기 전 3학년 학생 일기

**확인해보세요**

☐ **P**(나의 생각)를 쓴 문장은 무엇인가요?

☐ **R**(이유나 근거)을 쓴 문장은 무엇인가요?

☐ **E**(예시나 경험)를 쓴 문장은 무엇인가요?

☐ **P′**(결론)를 쓴 문장은 무엇인가요?

☐ 빠지거나 설명이 부족해서 추가할 내용은 무엇인가요?

## 하루 한 장 프렙 일기 쓰기

PREP′ 요약하기

**P** : 나의 생각

(나는) 오늘 기분이 매우 좋았다.

**R** : 이유

(왜냐하면) 집 안에 쓸모없는 것을 버리는 대청소를 했기 때문이다.

**E** : 사례

(예를 들어) 내 동생은 모든 게 추억이 있다고 하면서 무조건 버리지 않는다. 그런데 오늘은 동생이 할머니 댁에 가고 없었기 때문에 마음 놓고 버릴 수 있었다. 나는 버릴 게 무지하게 많았지만 정말 신중하게 버릴지, 버리지 않을지 선택했다.

**P′** : 결론

(그러므로) 역시 청소를 마치고 나니 기분이 매우 좋았다. 그리고 저녁으로 먹은 김밥까지 맛이 좋아 더 기분 좋았다.

프렙 일기 완성하기

오늘 나는 기분이 매우 좋았다. 왜냐하면 집 안에 쓸모없는 것들을 버리는 대청소를 했기 때문이다.

사실 내 동생은 모든 게 추억이 있다고 하면서 무조건 버리지 않는 타입이다. 그런데 오늘은 동생이 할머니 댁에 가고 없었기 때문에 마음 놓고 버릴 수 있었다. 나는 버릴 게 무지하게 많았지만 정말 신중하게 버릴지, 버리지 않을지 선택했다.
청소를 다 마치고 나니 집 안이 깨끗해져서 기분이 매우 좋았다. 그리고 저녁으로 먹은 김밥까지 맛있어서 더 기분이 좋았다.

**〈경험 중심 일기 예시〉**

## 오늘의 일기

날짜 : 2020년 6월 24일
제목 : 나의 성장판 힘내!
나는 키가 크기 위해 우유를 매일 먹는다. 왜냐하면 다들 키가 크는데 나만 안 크는 것 같기 때문이다. 코로나로 밖에서 운동도 못하고, 집에서 운동을 해도 키가 몇 달째 소식이 없다. 그리고 아직 내 키는 작다. 지금 키도 모두 작년 후반기에 도달했던 키에서 몇 센티미터 더 큰 것 뿐이다. 엄마도 170㎝까지는 크자고 얘기했다. 나도 170㎝까지는 아니어도 170㎝ 근처에는 가기를 원한다.
그래서 나는 키가 크길 원한다. 다들 그렇게 말한다. "클 거야." 그 말도 좋지만 나는 더 크고 싶다. 매일 우유를 먹고 있으니 클 거라고 믿는다.(나의 성장판아 힘내라!)

– PREP로 쓰기 전의 6학년 학생 일기

**확인해보세요**

☐ P(나의 생각)를 쓴 문장은 무엇인가요?

☐ R(이유나 근거)을 쓴 문장은 무엇인가요?

☐ E(예시나 경험)를 쓴 문장은 무엇인가요?

☐ P′(결론)를 쓴 문장은 무엇인가요?

☐ 빠지거나 설명이 부족해서 추가할 내용은 무엇인가요?

## 하루 한 장 프렙 일기 쓰기

PREP 요약하기

**P** : 나의 생각

(나는) 키가 크기 위해 우유를 매일 마신다.

**R** : 이유

(왜냐하면) 나만 안 크는 것 같기 때문이다.

**E** : 사례

(예를 들어) 코로나 때문에 밖에도 못 나가서 운동도 못 하고, 집에서 어느 정도 운동을 해도 몇 달째 소식이 없다. 그리고 지금 키도 작년 후반기에 도달했던 키에서 몇 센티미터 더 컸을 뿐이다. 엄마도 170㎝까지는 크자고 말씀하셨고, 나도 170㎝는 아니어도 170㎝ 근처에는 가기를 원한다.

**P′** : 결론

(그러므로) 나는 키가 크기 위해 우유를 마신다. 다들 그렇게 말한다. "그 정도면 됐어." "지금도 큰데." 그 말도 좋지만 나는 더 크고 싶다. 매일 우유를 먹고 있으니 클 거라고 믿는다. 나의 성장판아! 힘내라.

프렙 일기 완성하기

요즘 나는 매일 우유를 마시고 있다. 오늘도 어김없이 우유를 마셨다. 우유를 원래 좋아하고 맛있어서 먹는 것은 아니지만 이유가 있기 때문이다.

나는 키가 크기 위해 우유를 매일 마신다. 왜냐하면, 다들 키가 크는데 나만 안 크는 것 같기 때문이다.

코로나 때문에 밖에도 못 나가서 운동도 못 하고, 집에서 어느 정도 운동을 해도 몇 달째 소식이 없다. 그리고 지금 키도 작년 후반기에 도달했던 키에서 몇 센티미터 더 컸을 뿐이다. 엄마도 170㎝까지는 크자고 말씀하셨고, 나도 170㎝는 아니어도 170㎝ 근처에는 가기를 원한다.

그러므로 나는 오늘 또 우유를 마셨다. "그 정도면 됐어." "지금도 큰데!" 그 말도 좋지만 나는 더 크고 싶다. 매일 우유를 먹고 있으니 클 거라고 믿는다. 나의 성장판아! 힘내라.

〈감정 중심 일기 예시〉

## 오늘의 일기

날짜 : 2020년 9월 4일

제목 : 내 사랑 금요일

나는 오늘 금요일이기 때문에 기분이 좋다. 왜냐하면, 내일은 토요일이고 오늘 온라인 수업 끝나면 이틀이나 온클을 안 하고 쉴 수 있기 때문이다. 또, 오늘은 금요일이기 때문에 늦게 자도 엄마가 자라고 잔소리하지 않기 때문이다.

나만 해도, 5일 동안의 온라인 수업으로 지쳐 있는데 다른 친구들도 그렇겠지?

아무튼, 토요일과 일요일 이틀 동안 온라인 수업을 안 하고 늦잠도 자고, 핸드폰도 하고 계속 누워 있어도 누가 뭐라 안 하는 날. 바로 그날의 하루 전 금요일! 늦게 잘 수 있는 금요일!

나는 이 금요일이 너무너무 좋다.(오늘 밤도 새벽에 자고 토요일 한두 시쯤 일어나겠지? 그리고 일어나서 밥 먹고 놀면 아마 6시쯤이 되겠지? 이게 바로 소확행!)

- PREP로 쓰기 전의 6학년 학생 일기

**확인해보세요**

□ **P**(나의 생각)를 쓴 문장은 무엇인가요?

□ **R**(이유나 근거)을 쓴 문장은 무엇인가요?

□ **E**(예시나 경험)를 쓴 문장은 무엇인가요?

□ **P**´(결론)를 쓴 문장은 무엇인가요?

□ 빠지거나 설명이 부족해서 추가할 내용은 무엇인가요?

## 하루 한 장 프렙 일기 쓰기

PREP 요약하기

**P** : 나의 생각

(나는) 오늘이 금요일이라서 기분이 좋다.

**R1** : 이유

(왜냐하면) 내일은 토요일이고 오늘 온라인 수업이 끝나면 이틀 동안이나 온라인 수업을 안 하고 쉴 수 있기 때문이다.

**E1** : 사례

(예를 들어) 나름대로 열심히 공부한다고 하는 나도 5일 동안 온라인 수업을 하면 지치게 되는데 다른 친구들도 그렇겠지?

**R2** : 이유

(왜냐하면) 또, 오늘은 금요일이기 때문에 늦게 자도 엄마가 자라고 잔소리하지 않는 것도 좋다.

**E2** : 사례

(예를 들어) 다음 날 학교에 가거나 온라인 수업을 들어야 할 때

면 엄마는 일찍 자라고 하지만 금요일만큼은 다음 날이 주말이라 집에서 늦잠이 허락된다.

P′ : 결론

(그러므로) 온라인 수업을 안 하고 늦잠도 자고, 핸드폰도 하고 계속 누워 있어도 누가 뭐라 안 하는 날인 토요일과 일요일. 바로 그날의 하루 전 금요일! 늦게 잘 수 있는 금요일! 나는 이 금요일이 너무너무 좋다.(오늘 밤도 새벽에 자고 토요일 한두 시쯤 일어나겠지? 그리고 일어나서 밥 먹고 놀면 아마 6시쯤이 되겠지? 이게 바로 소확행!)

프렙 일기 완성하기

나는 오늘이 금요일이라서 기분이 좋다.

왜냐하면, 내일은 토요일이고 오늘 온라인 수업이 끝나면 이틀 동안이나 온라인 수업을 안 하고 쉴 수 있기 때문이다. 나름대로 열심히 공부한다고 하는 나도 5일 동안 온라인 수업을 하면 지치게 되는데 다른 친구들도 그렇겠지?

또, 오늘은 금요일이기 때문에 늦게 자도 엄마가 자라고 잔소리하지 않는 것도 좋다. 다음 날 학교에 가거나 온라인 수업을 들어야 할 때면 엄마는 일찍 자라고 하지만 금요일만큼은 다음 날이 주말이라 집에서 늦잠이 허락된다.

아무튼, 온라인 수업을 안 하고 늦잠도 자고, 핸드폰도 하고 계속 누워 있어도 누가 뭐라 안 하는 날인 토요일과 일요일. 바로 그날의 하루 전 금요일! 늦게 잘 수 있는 금요일! 나는 이 금요일이 너무너무 좋다.(오늘 밤도 새벽에 자고 토요일 한두 시쯤 일어나겠지? 그리고 일어나서 밥 먹고 놀면 아마 6시쯤이 되겠지? 이게 바로 소확행!)

〈경험 중심 일기 예시〉

## 오늘의 일기

날짜 : 2020년 11월 4일

제목 : 오늘은 내가~~ 카레 요리사

오늘은 내가 카레를 만들었다. 일단 놀고 있었는데 할머니께서 카레를 만들자고 하셨다. 나는 신이 났다. 딱히 할 것도 없었고, 나는 요리를 좋아하기 때문이다.

난 감자를 썰었다. 근데 썰 때 힘이 너무 많이 들어가서 할머니가 먼저 큰 것을 자르고 내가 잘랐다. 감자는 썰 때 쾌감이 있다. 그리고 물을 끓이고 야채를 넣었다.

다 끓을 때까지 기다렸다가 카레 가루를 넣고 저으면서 기다렸다. 드디어 완성됐다.

할머니가 맛을 보라고 하셨는데 너무 뜨거울 것 같아서 오두방정을 떨며 걱정했다.

근데 그냥 에라 모르겠다 하고 먹었는데 정말 맛있었다.

오늘 저녁은 너무 맛있어서 밥을 두 공기나 먹었다. 가족들도 다 맛있다고 했다.

– PREP로 쓰기 전의 6학년 학생 일기

**확인해보세요**

☐ **P**(나의 생각)를 쓴 문장은 무엇인가요?

☐ **R**(이유나 근거)을 쓴 문장은 무엇인가요?

☐ **E**(예시나 경험)를 쓴 문장은 무엇인가요?

☐ **P′**(결론)를 쓴 문장은 무엇인가요?

☐ 빠지거나 설명이 부족해서 추가할 내용은 무엇인가요?

## 하루 한 장 프렙 일기 쓰기

PREP 요약하기

**P** : 나의 생각

(나는) 오늘 저녁 메뉴로 카레를 만들었다.

**R** : 이유

(왜냐하면) 나는 요리를 좋아하는데, 낮에 딱히 할 것이 없어서 심심해하고 있었더니 할머니께서 카레를 만들자고 하셨기 때문이다.

E : 사례

(예를 들어) 먼저 난 감자를 썰었다. 근데 썰 때 힘이 너무 많이 들어가서 할머니가 먼저 큰 것을 자르고 내가 잘랐다. 감자는 썰 때 쫙 쪼개지는 쾌감이 있다. 그리고 물을 끓이고 야채를 넣었다. 다 끓을 때까지 기다렸다가 카레 가루를 넣고 저으면서 기다렸다. 드디어 완성됐다. 할머니가 맛을 보라고 하셨는데 너무 뜨거울 것 같아서 오두방정을 떨며 걱정했다. 그러다 '에라 모르겠다' 하고 먹었는데 정말 맛있었다. 오늘 저녁은 너무 맛있어서 밥을 두 공기나 먹었다.

P′ : 결론

(그러므로) 요리를 해보니 음식을 하고 항상 "맛이 어때?"라고 묻는 엄마의 마음을 알 것 같았다. 가족들이 다 맛있다고 하니 너무 뿌듯하고 행복했다. 앞으로 엄마의 음식도 맛있게 먹어야겠다.

프렙 일기 완성하기

오늘은 내가 저녁 메뉴로 카레를 만들었다. 나는 요리를 좋아하는데, 낮에 딱히 할 것이 없어서 심심해하고 있었더니 할머니께서 카레를 만들자고 하셨기 때문이다.

먼저 난 감자를 썰었다. 근데 썰 때 힘이 너무 많이 들어가서 할머니가 먼저 큰 것을 1차로 자르고 내가 2차로 잘랐다. 감자는 썰 때는 쫙 쪼개지는 쾌감이 있었다. 그리고 물을 끓이고 야채를 넣었다. 다 끓을 때까지 기다렸다가 카레 가루를 넣고 저으면서 기다렸다. 드디어 완성됐다. 할머니가 맛을 보라고 하셨는데 너무 뜨거울 것 같아서 오두방정을 떨며 걱정했다. 그러다 '에라 모르겠다' 하고 먹었는데 정말 맛있었다. 오늘 저녁은 너무 맛있어서 밥을 두 공기나 먹었다.

요리를 해보니 음식을 하고 항상 "맛이 어때?"라고 묻는 엄마의 마음을 알 것 같았다. 가족들이 다 맛있다고 하니 너무 뿌듯하고 행복했다. 앞으로 엄마의 음식도 맛있게 먹어야겠다.

〈경험 중심 일기 예시〉

## 오늘의 일기

날짜 : 2020년 11월 4일

제목 : 심학산 등산한 날

오늘 엄마, 동생, 나는 아침에 심학산 등산을 하기로 했다.

정상까지 올라가기로 하고 올라가기 시작했다. 올라갈 때 너무 경사져서 미끄러질 뻔했다. 그래도 잘 올라갔다. 그렇게 열심히 가다가 내리막길이 나왔다. 나와 동생은 너무 신나서 열심히 달렸다. 그러다가 힘이 빠져서 간식으로 귤을 먹었다. 정말 맛있었다. 잠시 쉬고 또다시 정상을 향해 걸어갔다. 바람이 솔솔 불었다. 시원하고 상쾌했다. 마치 씻은 것처럼 상쾌했다. 엄마가 정상에 거의 다 왔다고 하셨다. 또 열심히 올라가다가 정상에 도착했다. 정말 뿌듯하고 기뻤다. 앞으로 일요일 아침마다 등산하기로 했다.

– PREP로 쓰기 전 4학년 학생 일기

**확인해보세요**

□ **P**(나의 생각)를 쓴 문장은 무엇인가요?

□ **R**(이유나 근거)을 쓴 문장은 무엇인가요?

□ **E**(예시나 경험)를 쓴 문장은 무엇인가요?

□ **P′**(결론)를 쓴 문장은 무엇인가요?

□ 빠지거나 설명이 부족해서 추가할 내용은 무엇인가요?

## 하루 한 장 프렙 일기 쓰기

PREP 요약하기

**P** : 나의 생각

(나는) 오늘 엄마, 동생과 함께 아침에 심학산 등산을 했다.

**R** : 이유

(왜냐하면) 엄마랑 나랑 계속 운동을 안 하면서 조금씩 살이 쪘기 때문이다.

E : 사례

(예를 들어) 우리는 정상까지 올라가기로 하고 등산을 시작했다. 올라갈 때 너무 경사져서 미끄러질 뻔했다. 그래도 가장 가팔라서 고비인 체육시설까지 잘 올라갔다. 그렇게 열심히 가다가 내리막길이 나왔다. 나와 동생은 너무 신나서 열심히 달렸다. 그랬더니 힘이 빠져서 간식으로 귤을 먹었다. 정말 맛있었다. 잠시 쉬고 또다시 정상을 향해 걸어갔다. 바람이 솔솔 불었다. 시원하고 상쾌했다. 마치 씻은 것처럼 상쾌했다. 엄마가 정상에 거의 다 왔다고 하셨다. 마지막 힘을 내서 열심히 올라가 정상에 도착했다.

P′ : 결론

(그러므로) 처음에는 엄마가 거의 강제로 가자고 데리고 출발해서 귀찮기도 하고 짜증도 났었는데, 막상 정상에서 상쾌한 바람을 느끼고 내려오니 정말 뿌듯하고 기뻤다. '할 수 있다'라는 마음이 생겼다. 그래서 앞으로 일요일 아침마다 등산하기로 했다.

프렙 일기 완성하기

오늘 엄마, 동생, 나는 아침에 심학산 등산을 했다. 왜냐하면, 엄마랑 나랑 계속 운동을 안 하면서 조금씩 살이 쪘기 때문이다. 우리는 정상까지 올라가기로 하고 등산을 시작했다. 올라갈 때 너무 경사져서 미끄러질 뻔했다. 그래도 가장 고비인 체육시설까지 잘 올라갔다. 그렇게 열심히 가다가 내리막길이 나왔다. 나와 동생은 너무 신나서 열심히 달렸다. 그러다가 힘이 빠져서 간식으로 귤을 먹었다. 정말 맛있었다. 잠시 쉬고 또다시 정상을 향해 걸어갔다. 바람이 솔솔 불었다. 시원하고 상쾌했다. 마치 씻은 것처럼 상쾌했다. 엄마가 정상에 거의 다 왔다고 하셨다. 마지막 힘을 내서 열심히 올라가 정상에 도착했다.

처음에는 엄마가 거의 강제로 가자고 데리고 출발해서 귀찮기도 하고 짜증도 났었는데, 막상 정상에서 상쾌한 바람을 느끼고 내려오니 정말 뿌듯하고 기뻤다. '할 수 있다'라는 마음이 생겼다. 그래서 앞으로 일요일 아침마다 등산하기로 했다.

# 오늘의 일기

| 년 월 일 |
|---|
| 제목 : |
| |
| |
| |
| |
| |
| |
| |
| |
| |
| |
| |
| |
| |

| 확인해보세요 | |
|---|---|
| | □ P(나의 생각)를 쓴 문장은 무엇인가요? |
| | □ R(이유나 근거)을 쓴 문장은 무엇인가요? |
| | □ E(예시나 경험)를 쓴 문장은 무엇인가요? |
| | □ P′(결론)를 쓴 문장은 무엇인가요? |
| | □ 빠지거나 설명이 부족해서 추가할 내용은 무엇인가요? |

# 하루 한 장 프렙 일기 쓰기

| | |
|---|---|
| **하고 싶은 말** | |
| **PREP′ 요약하기** | P : 나의 생각<br>(나는) |
| | R : 이유<br>(왜냐하면) |
| | E : 사례<br>(예를 들어) |
| | P′: 결론<br>(그러므로) |
| **프렙 일기 완성하기** | |

# 2
# 프렙으로 독후감 쓰기

워싱턴대 심리학과 헨리 뢰디거 교수는 '기억은 오래된 창고의 책을 꺼내는 것과 같다.'라고 했습니다. 책을 읽어 얻게 된 지식은 뇌의 어딘가에 저장되는데 인출하는 연습을 계속해야 기억이 유지된다고 해요. 인출하는 연습으로 가장 효율적인 방법은 직접 기록하는 것이고요. 손으로 직접 쓰는 것이 학습에 큰 도움이 된다는 사실 알고 있지요? 독후감 쓰기는 내가 읽은 책의 정보를 단기기억에서 장기기억으로 옮기기 위해 꼭 필요한 활동입니다. 아이들도 독후감의 필요성에 대해서는 대부분 공감하는 편입니다. 문제는 독후감을 어떻게 써야 하는가에서 막힌다는 겁니다. 책을 많이 읽는다고 독후감을 잘 쓰는 건 아닙니다. 읽는 것과 쓰는 것은 별개의 문제이기 때문입니다.

질문 : 독후감을 쓰려고 하면 내용이 생각나지 않아요.

답 : 흥미로웠던 내용 몇 가지를 선택하게 하세요.

이런 고민을 들으면 어떤 생각이 드나요? 우리 아이의 집중력에 문제가 있는 건 아닌지, 책을 빨리 읽는 습관 때문은 아닌지 추측하게 됩니다. 독후감 쓰기는 말 그대로 책을 읽고 난 후 감상을 적는 일이죠. 책의 모든 내용을 다 옮겨 적을 필요는 없습니다. 내가 흥미롭게 여겼던 내용, 기억에 남는 내용 몇 가지만 적어도 됩니다. 내용 자체보다는 나의 생각과 느낌이 더 중요하니까요. 이 과정을 어려워하는 아이들에게는 "가장 재미있었던 부분이 어디였니?", "어떤 부분이 가장 기억에 남니?" 등의 질문을 던져주면 생각을 정리하는 데 도움이 됩니다.

질문 : 글에 줄거리는 많은데 아이의 생각이 보이지 않아요. 아이의 생각을 어떻게 늘려야 할까요?

답 : 생각을 먼저 쓰는 프렙으로 정리하게 하세요.

프렙 구조는 생각을 먼저 쓰는 형식입니다. 생각을 쓰기 시작하면, 꼬리에 꼬리를 물듯이 생각이 자연스럽게 늘어납니다. 독후감 쓰기는 말 그대로 책을 읽고 난 느낌을 적어야 하는데, 아이들은 보통 줄거리로 시작해서 전체적인 내용을 요약한 후 마지막에 한

두 줄로 느낌을 적고 마무리합니다. 꼼꼼한 아이들은 줄거리를 빠뜨리지 않고 쓰려고 하다 보니 쓸 공간이 부족하여 급하게 끝내는 경우가 있고요. 생각 확장을 어려워하는 아이는 쓸 말이 없어서 짧게 끝내버립니다. 모두 줄거리를 먼저 쓰다 보니 생기는 문제입니다. 그렇다면 생각을 먼저 쓰면 어떨까요? 다음의 프렙 독후감 쓰기 과정을 따라가다 보면 그 해답을 찾을 수 있습니다.

## 일주일이면 완성하는 프렙 독후감 쓰기

| | |
|---|---|
| 1일 차 | 생각을 열어주는 첫 문장 쓰기 |
| 2일 차 | 생각을 뒷받침하는 문장 쓰기 |
| 3일 차 | 사례를 넣어 뒷받침 문장 보충하기 |
| 4일 차 | 고쳐 쓰며 익히는 프렙 독후감 |
| 5일 차 | 한 번에 완성하는 프렙 독후감 |

### 1일 차 생각을 열어주는 첫 문장 쓰기
- 출발선과 도착선 문장을 찾아요.

아이들은 첫 문장 쓰기를 어려워합니다. 첫 문장을 쓰면 그다음 쓰기는 훨씬 수월합니다. 첫 문장은 내 생각을 나타내는 문장이어야 합니다. 그 문장은 이야기의 출발선과 도착선을 찾는 것에서 시작합니다.

체육 시간이나 운동회 때 달렸던 운동장을 떠올려보세요. 우리는 출발선 앞에서 출발 신호가 떨어지기를 기다리고 있습니다. 시선은 도착선을 향해 있지요. 출발 신호가 떨어지면 도착선을 향해서 전력으로 질주하게 됩니다.

글도 달리기와 같습니다. 출발선과 도착선을 명확히 하면 내가 어떤 글을 쓸지 선명해집니다. 출발선은 이 책의 누가 어떤 일을 한다는 내용으로 줄거리를 요약한 한 문장입니다. 도착선은 이 책을 읽고 난 내 느낌이나 변화한 생각을 말합니다.《슈퍼 거북》(유설화, 책읽는곰) 이야기의 출발선과 도착선을 찾는다면 어떻게 될까요?

출발선 : 이 책은 꾸물이가 경주에서 토끼를 이기고 난 후 '슈퍼 거북'이라는 별명을 얻고 열심히 살다가 지쳐서 집으로 돌아가 달콤한 잠에 빠지는 이야기입니다.
도착선 : 나는 이 책에서 남을 의식하지 말고 진짜 내가 행복한 일을 해야 한다는 것을 알게 되었습니다.

둘 중 어떤 문장으로 시작하면 될까요? 내 생각을 드러내는 문장을 찾으면 됩니다. 바로 도착선 문장이겠죠. 프렙 독후감의 첫 문장 P를 찾는 일은 내 생각을 찾는 일입니다. 그리고 내 생각은 마지막에 P′로 다시 강조하여, 설득력 있고 안정감 있게 마무리합니다.

| 제목 | 슈퍼 거북 | | |
|---|---|---|---|
| 지은이 | 유설화 | 출판사 | 책읽는곰 |

P : (내가) 행복한 일을 해야 합니다.
P′ : (그러므로) 남을 의식하지 말고 내가 행복한 일을 해야 합니다.

## 2일 차 생각을 뒷받침하는 문장 쓰기

- 출발선 문장으로 뒷받침 문장을 만들어요.

첫 문장 P를 찾았다면 이를 뒷받침하는 이유와 근거를 써야 합니다. 뒷받침 문장은 어떻게 써야 할까요? 1일 차에서 찾은 출발선 문장을 활용합니다. 출발선 문장은 누가 어떤 일을 한다는 내용, 즉 이유와 근거에 해당합니다. 이 문장이 길다면 이해하기 쉽게 다음과 같이 짧게 나누어 2~3문장으로 풀어 쓰면 좋습니다.

이 책은 꾸물이가 경주에서 토끼를 이기고 난 후 '슈퍼 거북'이라는 별명을 얻고 열심히 살다가 지쳐서 집으로 돌아가 달콤한 잠에 빠지는 이야기입니다.

↓

꾸물이가 경주에서 토끼를 이기고 난 후 '슈퍼 거북'이라는 별명을 얻고 열심히 살았습니다. 그러나 결국 지쳐서 집으로 돌아가 달콤한 잠에 빠지게 됩니다. 다른 사람만 의식하며 살다 보니 불행해졌기 때문입니다.

이렇게 만든 뒷받침 문장을 첫 문장과 이어봅니다. 이해를 돕기 위해 '왜냐하면'을 넣어 앞에서 쓴 내 생각과 논리적으로 맞는지 확인합니다.

| 제목 | 슈퍼 거북 | | |
|---|---|---|---|
| 지은이 | 유설화 | 출판사 | 책읽는곰 |
| P : (내가) 행복한 일을 해야 합니다.<br>R : (왜냐하면) 꾸물이는 다른 사람만 의식하며 살다 보니 불행해졌기 때문입니다. 꾸물이는 경주에서 토끼를 이기고 난 후 '슈퍼 거북'이라는 별명을 얻고 열심히 살았습니다. 그러나 결국 지쳐서 경주를 포기하고 집으로 돌아가 달콤한 잠에 빠지게 됩니다.<br>P′ : (그러므로) 남을 의식하지 말고 내가 행복한 일을 해야 합니다. | | | |

## 3일 차 사례를 넣어 뒷받침 문장 보충하기

- '예를 들어'로 시작해요.

이제 이유를 뒷받침할 수 있는 사례를 찾아봅니다. 이때 내 생각, 이유와 관련이 있는 사례를 찾아야겠지요. 아이들은 이유와 사례를 구분하기 어려워합니다. 그래서 사례를 들 때는 '예를 들어'로 시작하도록 안내하면 좋습니다. 그리고 그와 비슷한 나의 사례를 떠올려볼 수 있는 질문을 하면 큰 도움이 됩니다. "꾸물이처럼 다른 사람을 의식하느라 내가 하고 싶지 않은 것을 했던 경험이 있을까?", "나도 꾸물이처럼 다른 사람을 신경 쓰느라 불행했던 적이 있을까?", "책이나 기사에서 꾸물이의 이야기와 비슷한 뉴스를 본 적 있을까?"처럼 말이죠. 구체적인 사례가 추가된다면 앞서 쓴 이유의 설득력이 강해지고 논리적으로도 안정감 있는 글이 됩니다.

<table>
<tr><td>제목</td><td colspan="3">슈퍼 거북</td></tr>
<tr><td>지은이</td><td>유설화</td><td>출판사</td><td>책읽는곰</td></tr>
<tr><td colspan="4">P : (내가) 행복한 일을 해야 합니다.<br>R : (왜냐하면) 꾸물이는 경주에서 토끼를 이기고 난 후 '슈퍼 거북'이라는 별명을 얻고 열심히 살았습니다. 그러나 결국 지쳐서 경주를 포기하고 집으로 돌아가 달콤한 잠에 빠지게 됩니다. 다른 사람만 의식하며 살다 보니 불행해졌기 때문입니다.<br>E : (예를 들어) 저는 통통한 편인데 우리반 친구 ○○처럼 날씬해지고 싶어서, 내가 좋아하는 음식을 먹지 않았습니다. 그랬더니 공부에 집중이 안 되고 힘이 없어서 체육도 하기 싫었습니다. 이렇게 불행한 것보다 내가 좋아하는 음식을 먹고 즐겁게 사는 것이 더 좋다고 생각했습니다.<br>P′ : (그러므로) 남을 의식하지 말고 내가 행복한 일을 해야 합니다.</td></tr>
</table>

## 4일차 고쳐 쓰며 익히는 프렙 독후감

- 기존 독후감을 고쳐보며 연습해요.

### 교과서 글로 연습하기(저학년)

교과서는 쉽게 적용할 수 있는 학습자료입니다. 아이의 교과서에서 사례를 찾아 프렙 구조로 바꿔 쓰는 연습을 해도 좋습니다.

《토끼와 자라》를 읽고

아침에 보성이가 토끼와 자라를 읽고 있었다. 깔깔 웃기도 하는 것을 보니 재미있어 보였다. 그래서 나는 도서관에 가서《토끼와 자라》 책을 빌려 읽었다.

자라는 용왕님의 병을 낫게 하려고 토끼의 간을 구하러 갔다. 토끼는 자라에게 속아 용궁으로 가게 되었다. 용궁에 도착해서야 자신이 자라에게 속은 것을 알았다. 토끼는 당황하지 않고 꾀를 내어 다시 육지로 돌아올 수 있었다.

책을 읽으며 자라의 말에 쉽게 속는 토끼의 모습이 안타까웠다. 하지만 토끼가 어려움을 이겨내는 모습이 재미있었다. 나도 토끼처럼 지혜로운 사람이 되고 싶다.

– 초등학교 2학년 국어-나 266쪽

글은 크게 세 부분으로 나누어져 있습니다. 처음 부분은 이 책을 읽은 이유, 가운데 부분은 책의 전체 줄거리, 마지막 부분은 책을 읽고 나서 자기 생각과 느낌을 정리하였습니다. 저학년의 경우 독후감은 이처럼 세 부분으로 구분하여 쓰는 것이 일반적입니다. 그렇다면 이런 글의 어느 부분을 프렙 구조로 쓰면 좋을까요? 저학년 아이들의 독후감은 마지막 부분의 자기 생각이나 느낌을 프렙 구조로 작성하면 좋습니다.

**[2학년 학생의 사례-1]**

자라의 말에 속은 토끼의 모습이 안타깝다

**P** : 자라의 말에 속은 토끼의 모습이 안타깝다.

**R** : 왜냐하면 자라의 말에 속아 넘어가 토끼가 간을 내주고 나면 죽을 것이기 때문이다.

**E** : 자라의 말에 속아 넘어가는 것처럼 우리도 다른 사람의 거짓말에 속아 넘어가면 어려움에 처하게 된다.

**P′** : 그러므로 그렇게 속아 넘어간 토끼의 모습이 불쌍하고 안타깝다.

**[2학년 학생의 사례-2]**

토끼가 어려움을 이겨내는 모습이 재미있었다

**P** : 토끼가 어려움을 이겨내는 모습이 재미있었다.

**R** : 왜냐하면, 자라가 용궁에 도착해서 토끼에게 속은 것을 알게 된 뒤 당황하지 않고 꾀를 내어 다시 육지로 돌아왔기 때문이다.

**E** : 우리도 어려움을 당하면 그것을 이겨내기 위해 많은 생각을 하고 어려움에서 벗어나면 기쁨을 느낀다.

**P′** : 그러므로 책을 읽으면서 꾀를 내어 어려움을 이겨내는 토끼의 모습들이 재미있었다.

## 교과서 글로 연습하기(고학년)

《장영실》을 읽고

장영실은 조선 세종 때 살았던 사람입니다. 장영실은 천체의 움직임과 그 위치를 측정하는 기구인 간의와 혼천의를 만들었고, 시간을 알려주는 기구인 자격루를 만들었습니다.

장영실은 어렸을 때부터 손재주가 있어 집 안 물건들을 깨끗이 다듬기도 하고, 장난감을 스스로 만들기도 했습니다. 저도 장난감을 만들어 가지고 노는 것을 좋아해서 장영실과 비슷하다고 생각했습니다. 저도 장영실처럼 발명을 잘하는 것 같아서 기분이 좋았습니다.

관가에 노비로 들어온 장영실은 이른 아침부터 늦은 밤까지 심부름을 했습니다. 힘들 때마다 장영실은 커서 세상에 필요한 사람이 되겠다는 다짐을 했다고 합니다.

제가 만약 장영실이라면 일하기가 너무 힘들고 노비로 살기 싫어서 도망쳤을 것 같습니다. 하지만 장영실은 오히려 어머니를 걱정했다고 합니다. 장영실의 마음가짐을 알고 나니 힘든 일을 피해 가려고 생각했던 제가 부끄러웠습니다.

지혜롭고 남을 배려해주는 장영실처럼 저도 이 세상에 필요한 사람이 되어야겠습니다.

– 초등학교 4학년 1학기 국어활동 48쪽

인물에 대한 사실과 의견을 구별하는 활동의 보충 자료입니다. 위인전은 책의 특성상 인물의 일화를 많이 소개합니다. 인물에 대한 소개, 업적 등의 사실과 나의 의견을 구분하는 활동을 먼저 하고, 의견에 해당하는 문장을 찾아 프렙 구조로 다시 써봅니다.

①저도 장난감을 만들어서 가지고 노는 것을 좋아해서 장영실과 비슷하다고 생각했습니다.

②저도 장영실처럼 발명을 잘하는 것 같아서 기분이 좋았습니다.

③제가 만약 장영실이라면 일하기가 너무 힘들고 노비로 살기 싫어서 도망쳤을 것 같습니다.

④장영실의 마음가짐을 알고 나니 힘든 일을 피해 가려고 생각했던 제가 부끄러웠습니다.

⑤지혜롭고 남을 배려해주는 장영실처럼 저도 이 세상에 필요한 사람이 되어야겠습니다.

의견을 나타내는 5문장을 찾았습니다. 이 문장들은 '~해서 ~합니다'의 형태로 의견과 이유가 한 문장에 들어 있어 이유가 한 가지로 끝납니다. 의견과 이유를 분리하여 의견 문장을 따로 쓰면 어떨까요? 다음의 사례는 앞의 문장에서 의견만 분리하여 적도록 하였습니다. 하나의 의견에 대한 이유가 풍성해지는 것을 확인할 수 있습니다.

**[4학년 학생의 사례-1]**

저는 장영실과 비슷한 점이 있다고 생각합니다.

P : 저는 장영실과 비슷하다고 생각합니다.

R : 왜냐하면 장영실은 장난감을 스스로 만들어서 가지고 노는 것을 좋아했다고 하는데 저도 그렇기 때문입니다.

E : 얼마 전 고장 난 폐품을 활용해서 나만의 손선풍기를 만들었는데 작동이 되는 순간의 기쁨을 잊을 수가 없습니다.

P′ : 내 손으로 만든 장난감은 돈 주고도 살 수 없는 귀한 것입니다. 장영실의 기분을 저도 알 것 같습니다.

**[4학년 학생의 사례-2]**

힘든 일을 피해 가려고 생각했던 제가 부끄러웠습니다

P : 힘든 일을 피해 가려고 생각했던 제가 부끄러웠습니다.

R : 왜냐하면 장영실은 노비로 힘들게 살았지만 오히려 어머니를 걱정했기 때문입니다.

E : 엄마가 식사 준비하실 때 수저 좀 놓아달라고 부탁하는 경우가 있습니다. 그런데 동생은 안 시키고 나만 시켜서 짜증이 났습니다. 엄마는 퇴근 후에 저녁을 준비하시느라 힘드신데 수저 놓는 것을 힘들어한 내가 부끄럽습니다.

P′ : 사람은 모두 힘듭니다. 나만 힘들다고 투정 부리지 말고 다른 사람의 입장도 생각해봐야겠습니다.

## 내가 쓴 독후감 고쳐보기

헤밍웨이는 '내 초고는 쓰레기다.'라고 말했습니다. 유명한 작가들이 공통적으로 내세우는 글쓰기 비결은 바로 '퇴고'라고 합니다.

아이들이 이전에 썼던 독후감을 찾아 프렙 구조로 바꿔 써보도록 하세요. 앞서 워밍업 단계에서 했던 연습을 따라하다 보면 어렵지 않게 바꿔 쓸 수 있습니다.

①쓴 글에서 '확인해보세요'를 활용해 PREP'에 해당하는 문장을 찾아봅니다.
②다음 쪽의 워크북에 PREP' 문장을 적으면서 빠진 부분은 추가로 채워 넣습니다.
③차례대로 문장을 이어 완성합니다.

### 독후감

제목 : 《머리에 쏙쏙! 일등 속담》(소담주니어)
글 : 안선모
우리말에 익숙한 속담 : 원숭이도 나무에서 떨어진다, 고래 싸움에 새우 등 터진다, 믿는 도끼에 발등 찍힌다, 아는 길도 물어 가라, 원수는 외나무다리에서 만난다, 고양이 목에 방울 달기, 소 잃고 외양간 고친다, 천 리 길도 한 걸음부터, 입이 삐뚤어져도

말은 바로 해라, 뛰는 놈 위에 나는 놈 있다, 돌다리도 두드려보고 건너라, 가는 말이 고와야 오는 말이 곱다, 지렁이도 밟으면 꿈틀한다, 호랑이도 제 말 하면 온다, 고생 끝에 낙이 온다, 꿩 먹고 알 먹기.

생각이나 느낀 점 : 속담을 만든 조상님들은 정말 지혜롭다.

– PREP로 쓰기 전의 독후감, 5학년

**확인해보세요**

□ **P**(나의 생각)를 쓴 문장은 무엇인가요?

□ **R**(이유나 근거)을 쓴 문장은 무엇인가요?

□ **E**(예시나 경험)를 쓴 문장은 무엇인가요?

□ **P′**(결론)를 쓴 문장은 무엇인가요?

## 하루 한 장 프렙 독후감 쓰기

PREP′ 요약하기

P : 나의 생각

(나는) 속담을 만든 조상님들은 정말 지혜롭다고 생각한다.

R : 이유

(왜냐하면) 실제로 우리가 생활 속에서 많이 겪을 만한 상황을 적절하게 속담으로 표현했기 때문이다.

E : 사례

(예를 들어) 내가 예전에 친구들 싸움을 말리다가 오히려 선생님께 같이 혼난 적이 있었는데, 딱 '고래 싸움에 새우 등 터진다.'라는 속담이 어울리는 상황이었다.

P : 결론

(그러므로) 이렇게 우리 생활에서 겪을만한 상황을 잘 표현할 수 있는 속담을 만든 조상들은 정말 지혜롭다.

프렙 독후감 완성하기

속담을 만든 조상님들은 정말 지혜롭다. 왜냐하면, 실제로 우리가 생활 속에서 많이 겪을만한 상황을 적절하게 속담으로 표현했기 때문이다. 예를 들어 내가 예전에 친구들 싸움을 말리다가 오히려 선생님께 같이 혼난적이 있었는데, '고래 싸움에 새우 등 터진다'라는 속담이 어울리는 상황이었다. 이렇게 우리 생활에서 겪을만한 상황을 잘 표현할 수 있는 속담을 만들어낸 조상님들은 정말 지혜롭다.

**잠깐!**

독후감 전체를 프렙 구조로 쓰기 어렵다면 이렇게 해보세요.

독후감 전체를 다시 쓰면 좋지만, 어려워할 수도 있습니다. 앞의 사례처럼 인상 깊은 속담 한 가지만 선택하여 써도 좋습니다. 나의 경험과 관련된 가장 기억에 남는 것 하나를 연결 지어 생각하다 보면 사고력과 함께 내용도 깊어집니다.

## 독후감

제목 : 《나는 북만길이다》(파랑새)

글 : 홍종의

오늘 《나는 북만길이다》라는 책을 읽었다. 줄거리는 안만길이라는 북한이탈주민이 학교에서 이름 때문에 놀림을 받아서 이름을 꼭! 바꾸고 싶어한다. 그렇지만 친구 중 정유빈이라는 여자아이가 "니 이름이 뭐가 어때서?"라고 말하는데 그 말에 만길이는 자신감을 얻고 또 선생님께서 칭찬까지 해주셔서 힘이 나게 된다. 그래서 만길이는 교실에 가서 "나는 북만길이다"라고 말한다. 나는 이 장면이 나오고 나서 답답했던 마음이 뻥~~! 뚫리는 것 같았다.

앞으로 이런 친구가 있으면 꼭 도와줄 거다.

– PREP로 쓰기 전의 독후감, 4학년

**확인해보세요**

□ **P**(나의 생각)를 쓴 문장은 무엇인가요?

□ **R**(이유나 근거)을 쓴 문장은 무엇인가요?

□ **E**(예시나 경험)를 쓴 문장은 무엇인가요?

□ **P′**(결론)를 쓴 문장은 무엇인가요?

## 하루 한 장 프렙 독후감 쓰기

PREP′ 요약하기

P : 나의 생각

(나는) 어려움을 겪는 친구들을 꼭 도와주어야겠다.

R : 이유

(왜냐하면) 《나는 북만길이다》라는 책의 주인공인 안만길은 북한이탈주민이고 학교에서 이름 때문에 놀림을 받아서 이름을 꼭! 바꾸고 싶어한다. 그렇지만 친구 중 정유빈이라는 여자아이가 "니 이름이 뭐가 어때서?"라고 말하는데 그 말에 만길이는 자신감을 얻고 또 선생님께서 칭찬까지 해주셔서 힘이 나게 되기 때문이다.

E : 사례

(예를 들어) 처음에는 줄넘기를 잘 못했는데 '할 수 있다'며 응원해준 친구들 덕분에 줄넘기를 잘할 수 있었던 경험이 있다. 그리고 작년에 전학 왔던 친구가 있었는데 그 친구가 같이 놀지도 않고 밥도 혼자 먹어서 외로워 보였다. 그 친구는 같이 놀자고 해도 거절해서 이상하다고 생각했는데 자꾸 신경이 쓰였다. 적극

적으로 도와줬으면 그 친구도 마음을 열었을 것이라고 생각한다.

P′ : 결론

(그러므로) 어려움을 겪는 친구들은 꼭 도와야 한다.

프렙 독후감 완성하기

어려움을 겪는 친구들을 꼭 도와주어야겠다. 왜냐하면 《나는 북만길이다》라는 책의 주인공인 안만길은 북한이탈주민이고 학교에서 이름 때문에 놀림을 받아서 이름을 꼭! 바꾸고 싶어 했다. 그렇지만 친구 중 정유빈이라는 여자아이가 "니 이름이 뭐가 어때서?"라고 말하는데 그 말에 만길이는 자신감을 얻고 또 선생님께서 칭찬까지 해주셔서 힘이 나게 되기 때문이다. 예를 들어 처음에는 줄넘기를 잘 못했는데 '할 수 있다'며 응원해준 친구들 덕분에 줄넘기를 잘할 수 있었던 경험이 있다. 그리고 작년에 전학 왔던 친구가 있었는데 그 친구가 같이 놀지도 않고 밥도 혼자 먹어서 외로워 보였다. 그 친구는 같이 놀자고 해도 거절해서 이상하다고 생각했는데 자꾸 신경이 쓰였다. 적극적으로 도와줬으면 그 친구도 마음을 열었을 것이라고 생각한다. 그러므로 어려움을 겪는 친구들은 꼭 도와야한다.

## 5일 차 한 번에 완성하는 프렙 독후감

- 프렙으로 독후감을 써봐요.

프렙 독후감 쓰기 연습을 해봤으니, 이제 한 번에 독후감을 쓸 차례입니다. 처음에는 그림책이나 좋아하는 책을 읽고 쓰는 것이 부담이 없습니다. 먼저 도착선 문장을 찾아 첫 문장으로 씁니다. 이어서 출발선 문장을 짧게 나누어 의견 문장을 만든 다음 이유를 찾아 씁니다. 이때 '왜냐하면'을 넣어 논리적 흐름이 맞는지 확인합니다. 이유를 썼으면 그 문장을 뒷받침하는 사례를 찾아 '예를 들어'를 넣어 씁니다. 마지막은 처음에 썼던 내 생각을 강조하여 마무리합니다. 문장의 흐름상 '왜냐하면'과 '예를 들어'는 생략할 수 있습니다.

아이의 수준에 따라 차츰 이유와 예시를 늘려가도록 독려해주면 좋습니다. 프렙 독후감을 쓴다고 해서 프렙 구조에 얽매이지 않아도 됩니다. 프렙 구조는 독후감을 쉽게 쓰도록 도와주는 길잡이 역할을 하는 것이라고 생각하면 됩니다. 다음은 프렙 독후감 지도 학생의 사례입니다.

<table>
<tr><th>제목</th><th colspan="3">비가 오면</th></tr>
<tr><td>지은이</td><td>신혜은</td><td>출판사</td><td>사계절출판사</td></tr>
<tr><td colspan="4">이 책은 비가 오는 날 소은이, 은영이, 성찬이, 현호가 학교에서 엄마를 기다리는 이야기다.<br><br>P : 소은이와 친구들은 선생님과 라면을 먹는데, 비 오는 날 라면이니 정말 맛있겠다. 난 비 오는 날 라면이 가장 땡긴다.<br><br>R : 따스한 국물과 쫄깃한 면발은 비 오는 날 더 맛있다. 선생님은 라면을 드시면서 "비구름 뒤엔 항상 파란 하늘이 있다"라고 말씀하셨다. 난 그것이 무슨 말인지 모르겠다. 그렇지만 뭔가 시원하다는 느낌이 들었다. 이유는 비구름에 막혀 있지만, 비구름 위에는 새파란 하늘이 있기 때문이다.<br><br>E : 비행기에 탑승할 때도 구름 아래는 비가 오지만, 구름 위에는 새파란 하늘이 있었다. 그런 경험을 여러 번 하면 시원하다는 느낌이 드는 것이 확실해질 것 같다.<br><br>P′ : 비가 오면 좋겠다. 라면이 먹고 싶다.</td></tr>
</table>

– 문학류 독후감 학생 글 예시, 3학년 선○○

| 제목 | Why? 응급처치 | | |
|---|---|---|---|
| 지은이 | 파피루스 | 출판사 | 예림당 |
| P : 나는 응급처치를 무조건 배워야 한다고 생각한다.<br>R : 왜냐하면 응급처치를 배워두면 생명을 살릴 수도 있기 때문이다. 만약 응급처치를 미리 배워두지 않는다면 하나인 생명이 죽을 수도 있기 때문이다.<br>E : 최근에 한 초등학교 학생이 미리 응급처치를 배워두어서 갑자기 길에서 쓰러진 사람의 생명을 구할 수 있었다. 만약 그때 생명을 살린 아이가 우리라고 생각해보면 어떻게 대처했을까?.<br>P′ : 위급한 상황에서 생명을 구하지 못할 수도 있으니 무조건 응급처치를 미리 배워두어야 한다. | | | |

– 비문학류 독후감 학생 글 예시, 5학년 OOO

독후감을 쓰는 이유는 글을 쓰는 활동을 통해 생각을 정리하고 사고를 확장하는 기회를 갖기 위해서입니다. 독후감의 필요성은 다들 공감하면서도 쓰는 방법에 대한 구체적 안내가 없었던 것이 현실입니다. 이제 줄거리 요약 위주가 아닌 사고의 확장이 일어나는 프렙 독후감 쓰기를 지도하세요.

# 독후감 쓰기

| 제목 : | 글 : |
|---|---|
| | |
| | |
| | |
| | |
| | |
| | |
| | |
| | |
| | |
| | |
| | |
| | |
| | |
| | |

| 확인해보세요 | |
|---|---|
| | □ **P**(나의 생각)를 쓴 문장은 무엇인가요? |
| | □ **R**(이유나 근거)을 쓴 문장은 무엇인가요? |
| | □ **E**(예시나 경험)를 쓴 문장은 무엇인가요? |
| | □ **P'**(결론)를 쓴 문장은 무엇인가요? |

# 하루 한 장 프렙 독후감 쓰기

| | | |
|---|---|---|
| **책 제목** | | |
| **PREP′ 요약하기** | P : 나의 생각<br>(나는) | |
| | R : 이유<br>(왜냐하면) | |
| | E : 사례<br>(예를 들어) | |
| | P′ : 결론<br>(그러므로) | |
| **프렙 독후감 완성하기** | | |

# 3
# 프렙으로 편지글 쓰기

편지글 쓰기는 상대방에게 내가 하고 싶은 말을 글로 전하는 것입니다. 다른 글과 달리 무슨 말을 하고 싶은지 비교적 분명한데도 막상 편지글을 써야 할 때가 되면 힘들어하고 어려워하는 아이들이 많습니다.

"구슬도 꿰어야 보배"라는 말처럼 아무리 쓸 말이 많고 대상이 있어도 어떻게 잘 전달할지는 또 다른 문제입니다. 이러한 고민을 해결하기 위해 프렙 편지글 쓰기 방법을 제안합니다. 프렙 글쓰기 방법은 내가 말하려고 하는 것을 명료화하고 구체화하는 데 효과적입니다. 내 생각과 이유, 그리고 여러 가지 관련된 사실과 이야기는 상대방을 설득하거나 감동을 불러일으키는 힘을 발휘합니다.

20년 넘게 토크쇼 진행자 1위 자리를 지키고 있는 미국의 오프라 윈프리는 성공 비결로 책 읽기와 감사하는 편지글 쓰기를 들었습니다. 오프라 윈프리는 주변에서 감사할 일을 찾으며 매일매일 편지글을 썼다고 합니다. 매일매일 쓸 거리가 있을까? 반문하는 사람도 있겠지만 주변을 둘러보면 감사할 일, 칭찬할 일, 사과할 일 등 내 마음과 생각이 전달되어야 할 곳이 많습니다. 편지글 쓰기를 통해서 나, 그리고 나와 관련된 사람들과의 관계를 부드럽게 연결해 보고 자신을 성찰하는 시간도 가져보세요. 하루하루 달라지는 변화를 경험하며, 이를 통해 글쓰기 실력은 덤으로 얻게 될 것입니다.

질문 : 편지글 쓰기는 글쓰기 실력을 높이는 데 도움이 되나요?
답 : 사과 편지, 희망 편지, 감사 편지, 독후 편지, 칭찬 편지 등은 글쓰기 능력을 향상시켜요.

편지글 쓰기는 즐거움과 이로움이 함께 하는 글쓰기입니다.

말보다 큰 힘을 가진 것이 글입니다. 친구에게 진정한 마음을 담아 글로 마음을 표현한다면 친구 관계를 돈독히 하는 데도 도움이 되고 풀지 못한 갈등 관계를 해결하는 매개가 되기도 합니다. 편지글은 받는 대상과 쓰는 목적이 분명한 글쓰기입니다. 상대방의 마음을 얻고 내가 이루고자 하는 목적을 달성하기 위해서 신중하게 어휘와 문장을 고르고 내 생각을 명료하게 쓰는 능력이 요구됩니다. 이런 일련의 과정은 논술 실력의 뒷받침이 되는 창의력과 문장력도 향상시킵니다.

편지글 쓰기를 잘하는 친구들에게는 수업시간이 즐겁습니다. 초등학교에서는 교과 수업뿐만 아니라 기념일과 관련된 다양한 활동이 많습니다. 친구 사랑의 날, 어버이날, 과학의 날, 책의 날, 체육대회, 다문화체험, 환경의 날, 장애인의 날 등 이때 저학년이나 고학년에 상관없이 가장 많이 하는 활동이 편지글 쓰기입니다. 방학숙제의 단골 메뉴로 등장하는 것 중 하나가 독후활동인 주인공에게 편지글 쓰기입니다.

편지글 쓰기 하나로 즐거운 학교생활과 나의 논술 실력을 향상시켜보기 바랍니다.

## 일주일이면 완성하는 프렙 편지글 쓰기

의사소통의 꽃인 편지글 쓰기에 도전해볼까요? 자주 활용하고 있는 짧은 메모 쓰기에서부터 부탁, 사과 편지글 쓰기까지 전달 방법만 바꾸어도 글의 느낌과 효과가 달라집니다. 책에서 제시하는 프렙 편지글 쓰기를 통해 일상의 변화를 경험하게 될지도 모릅니다. 목적한 바가 있었다면 나의 요구도 관철되고 상대방의 마음까지 얻을 수 있는 것이 편지글 쓰기입니다. 다음 과정을 통해 나의 마음과 생각을 전달해보세요.

## 일주일이면 완성하는 다양한 프렙 편지글 쓰기

| | |
|---|---|
| 1일 차 | 고마움을 전하는 프렙 메모 쓰기 |
| 2일 차 | 프렙 부탁(요청) 편지글 쓰기 |
| 3일 차 | 프렙 사과 편지글 쓰기 |
| 4일 차 | 프렙 제안하는 편지글 쓰기 |
| 5일 차 | 프렙 칭찬(위로) 편지글 쓰기 |

### 1일차 고마움을 전하는 프렙 메모 쓰기

모르는 사람에게 할 말이 있을 때나 바로 메시지를 전달하지 못할 때 우리는 포스트잇으로 메모를 남깁니다. 살면서 짧은 메모에 큰 감동을 받은 경험도 있을 것입니다.

다음의 자료는 초등학교 2학년 교과서 속 편지글의 예시입니다. 포스트잇에 써서 배식차에 붙여놓았다면 영양사 선생님께서 무척 좋아하셨을 것 같습니다.

영양 선생님께
영양 선생님, 안녕하세요? 저는 2학년 1반 김한결이에요.
저희를 위해 날마다 맛있는 급식을 준비해주셔서 감사합니다.
저는 지난번 영양 선생님께서 반찬을 잘 먹는다고 칭찬해주셔서 미역 무침도 다 먹었어요. 급식을 먹는 게 항상 즐거워요.
정말 고맙습니다. 그럼 안녕히 계세요.

20○○년 4월21일

한결 올림

– 초등학교 2학년 1학기 국어 111쪽

좋은 글, 잘 읽히는 글에는 프렙 구조가 숨어 있습니다. 위 예시를 프렙 구조로 분석해볼까요?

영양 선생님께
영양 선생님, 안녕하세요? 저는 2학년 1반 김한결이에요.
P : (나/내 감정) 저희를 위해 날마다 맛있는 급식을 준비해주셔서 감사합니다.
R : (왜냐하면) 저는 지난번 영양 선생님께서 반찬을 잘 먹는다고 칭찬해 주셔서 미역 무침도 다 먹었어요.
E : (실제로) 급식을 먹는 게 항상 즐거워요.
P′ : (그래서) 정말 고맙습니다. 그럼 안녕히 계세요.

20○○년 4월21일

한결 올림

앞의 글처럼 짧은 메모에도 프렙 요소를 넣어주면 명확하게 핵심을 전달할 수 있습니다. 다음 글은 프렙 요소를 고려하여 학생이 쓴 편지글입니다.

> 6학년 회장, 부회장이 되어준 친구들에게
>
> 얘들아, 안녕? 나는 ○○이야!
> P : (나는) 너희에게 정말 정말 고마워!
> R : (왜냐하면) 나뿐만 아니라 우리 반 전체가 지금 코로나라는 긴 겨울을 보내며 다들 힘들어하고 있어. 이런 상황에서 우리 반을 위해 봉사하는 마음을 가져주어서 고마워!!
> E : (사실은) 저번 5학년보다 2배 이상 힘든 회장, 부회장 생활이 될 것이라는 것을 너희도 알고 있었을 거야. 남은 6학년 생활도 너희로 인해 더욱 즐거워질 거라고 믿어!
> P' : (다시 한번) 이 힘든 시기에 우리 반을 위해준 너희에게 감사하다는 마음을 전할게, 그럼 안녕.
>
> 20○○년 9월29일
> ○○이가

어려운 시기에 임원에 당선된 친구들에게 편지를 전했는데, 고마운 마음이 풍성하게 담겨 있습니다. P단계에서는 나의 감정을 표현했습니다. R단계에서는 고마운 마음의 실체, 봉사하는 마음 때문에 고맙다고 제시했습니다. E단계에서는 지금의 상황이 어려운 시기임을 말하며 이러한 상황에서 회장, 부회장이 되었지만 앞으로도 즐겁게 생활해보자는 기대도 넣었습니다. 마지막으로 P′단계에서 감사의 마음을 한번 더 전하며 끝을 맺습니다. 이처럼 프렙 메모 쓰기는 감사의 마음을 구체적으로 표현하는 데 유용합니다.

## 2일 차 프렙 부탁(요청) 편지글 쓰기

상대방의 마음을 설득하여 변화를 가져오는 과정은 쉽지 않습니다. 상대방에게 감사하는 마음을 전하거나 칭찬하는 말을 전하는 것보다 몇 배의 노력이 필요합니다.

먼저 설득할 것에 대해 분명하게 알고 어떻게 말할지를 계획하여야 합니다. 부탁이나 요청하는 편지글은 상대방을 설득하는 글쓰기에 해당합니다. 대표적인 부탁 편지글로 자기 소개서나, 추천서 쓰기가 있습니다.

프렙 구조로 채용 지원서 편지글 쓰기를 지도했던 사례를 소개합니다. 다음의 단계를 거치면 하고자 하는 말이 일관성 있으며 논리적 흐름이 분명한 글이 됩니다. '하루 한 장 프렙 글쓰기'로 쉬우면서도 완성도 있는 글쓰기에 도전해보세요.

①예전에 썼던 글에서 PREP′에 해당하는 문장을 찾아봅니다.

②다음 쪽의 워크북에 PREP′ 문장을 적으면서 빠진 부분은 추가로 채워넣습니다.

③차례대로 문장을 이어 완성합니다.

| 6학년 진로 단원 〈구직 채용자에게 부탁하는 편지글 쓰기〉 |
| --- |
| 안녕하세요. 저는 이번에 정신과 의사를 지원한 신○○입니다. 저는 저에게 오는  환자들을 잘 진료하고 치료할 자신이 있습니다. 하지만 단점은 피를 잘 못봅니다.<br>저는 의사가 되고 싶습니다. 왜냐하면 저는 모든 사람이 아프지 않게 살아가게 만들고 싶기 때문입니다. 제가 진료할 모든 환자가 잘 치료되도록 최선을 다하고 그렇게 만들겠습니다. 그래서 저는 의사가 되고 싶습니다. 저는 피를 못 보는 것을 견뎌내고 환자를 잘 치료하는 의사가 되겠습니다.<br>저를 뽑아주시면 감사하겠습니다. |

**확인해보세요**

☐ **P**(나의 생각)를 쓴 문장은 무엇인가요?

☐ **R**(이유나 근거)을 쓴 문장은 무엇인가요?

☐ **E**(예시나 경험)를 쓴 문장은 무엇인가요?

☐ **P′**(결론)를 쓴 문장은 무엇인가요?

☐ 나의 생각과 이유가 잘 들어 갔나요?

**잠깐!** 편지를 쓴 학생의 글에는 의사가 되고 싶은 이유와 환자 치료에 최선을 다하겠다는 포부로 생각을 나열하고 있습니다. 의사가 되고 싶은 이유를 예시나 경험을 포함하여 구체적으로 설명하는 것이 필요합니다.

다음 글은 프렙 글쓰기로 뒷받침하는 설명을 구체적으로 써 넣어 고쳐 쓴 글입니다.

## 하루 한 장 프렙 편지글 쓰기

PREP' 요약하기

P : 나의 생각(주장)

(저는) 사람들의 마음을 돌봐주는 따뜻한 정신과 의사가 되고 싶습니다.

R : 이유

(왜냐하면) 모든 사람들이 아프지 않고 행복하게 살아가게 만들고 싶기 때문입니다.

E : 사례(자세한 설명)

(자세히 설명하면) 현대인들은 각종 질병과 스트레스로 병원을 찾는다고 합니다. 그런데 마음이 아픈 것들은 밖으로 표시가 나지 않을 때도 있고, 쉽게 낫지도 않아 불행한 경우가 많습니다.

실제 저를 낳아주신 엄마도 저를 낳고 나서 오랫동안 우울증을 앓으셨고. 그때 정신과 치료로 도움을 받았다고 합니다.

저는 학교에서 측정한 정서지능검사에서 공감 능력이 매우 높게 나왔습니다. 타인을 공감하는 능력이 뛰어난 사람은 정신과 의사에 적합하다고 생각합니다.

P′ : 결론

(그러므로) 저를 뽑아주시면 저를 찾는 환자들의 마음을 따뜻하고 정성껏 돌 봐줄 것입니다. 그들이 행복해지면 저도 더 행복한 의사가 될 것이라고 생각합니다.

프렙 편지글 완성하기

안녕하세요. 저는 정신과 의사에 지원한 신○○입니다.

저는 사람들의 마음을 돌봐주는 따뜻한 의사가 되고 싶어서 지원하게 되었습니다.

현대인들은 각종 질병과 스트레스로 병원을 찾는다고 합니다. 그런데 마음이 아픈 것들은 밖으로 표시가 나지 않을 때도 있고, 쉽게 낫지도 않아 불행한 경우가 많습니다. 실제 저를 낳아주신 엄마도 저를 낳고 나서 오랫동안 우울증을 앓으셨고. 그때 정신과 치료로 도움을 받았다고 합니다.

저는 학교에서 측정한 정서지능검사에서 공감 능력이 매우 높게 나왔습니다. 타인을 공감하는 능력이 뛰어난 사람은 정신과 의사에 적합하다고 생각합니다.

저를 뽑아주시면 저를 찾는 환자들의 마음을 따뜻하게 정성껏 돌봐줄 것입니다. 그들이 행복해지면 저도 더 행복한 의사가 될 것이라고 생각합니다.

- 지원자 신○○

## 3일 차 프렙 사과 편지글 쓰기

살면서 누구나 실수하기도 하고 때로는 의도적으로 상대방을 곤란한 상황에 빠뜨리기도 합니다. 곧바로 사과의 말을 전하는 것이 좋지만, 내가 인지하지 못하는 경우도 있고 쑥스러워서 말로 표현하지 못하는 경우도 있습니다. 때로는 편지글이 마음을 더 잘 전달합니다. 진심 어린 마음을 글로 전하면 미처 표현하지 못했던 마음도 전달할 수 있고 상대방의 마음을 헤아리는 시간도 가질 수 있습니다.

마음을 담은 프렙 사과 편지 글쓰기를 지도했던 사례입니다.

①내가 쓴 사과글에서 PREP′에 해당하는 문장을 찾아봅니다.

②다음 쪽의 워크북에 PREP′ 문장을 적으면서 빠진 부분은 추가로 채워넣습니다.

③차례대로 문장을 이어 마음을 담은 사과 편지를 완성합니다.

| OO에게 |
| --- |
| 어제 심한 말 했던 거 미안해.<br>네가 나한테 물어볼게 있어서 말을 걸었는데 내가 '뭐'라고 하면서 무뚝뚝하게 말을 세게 했지. 그때 무안해하는 너의 표정을 떠올리니 더욱 미안해진다. 나라도 기분이 매우 나빴을 거야. 지난번에 어떤 애가 그림을 그리길래 무엇을 그리고 있냐고 물어보니까 알 거 없다라고 해서 되게 기분 나빴던 적이 있어. 다른 친구라면 나의 말투 때문에 내 욕을 하고 다녔을 텐데 너라서 이해하고 받아주고 그래서 지금까지 친하게 지낼 수 있었던 거 같아. 심한 말 절대 안 할게. 다시 한번 미안하고 고마워.<br>2020년 9월 민○가 |

**확인해보세요**

□ **P**(나의 생각)를 쓴 문장은 무엇인가요?

□ **R**(이유나 근거)을 쓴 문장은 무엇인가요?

□ **E**(예시나 경험)를 쓴 문장은 무엇인가요?

□ **P'**(결론)를 쓴 문장은 무엇인가요?

□ 나의 생각과 이유가 잘 들어 갔나요?

**잠깐!**

학생의 편지글을 읽어보면 첫 문장을 사과하는 글로 시작한 다음 상대방의 입장을 고려해보고 마음을 전하며 앞으로의 다짐을 적었습니다.

다음은 프렙 글쓰기로 상대방과 겪은 일을 떠올리며 내가 한 행동의 원인을 분석해보고, 상대방 입장에서 마음을 헤아리며 사과 편지글을 고쳐 쓴 글입니다.

## 하루 한 장 프렙 편지글 쓰기

PREP′ 요약하기

P : 나의 생각(감정)

(나는) 너에게 사과하고 싶은 마음이 들어 편지를 써.

R : 이유

(왜냐하면) 내가 무뚝뚝하고 말을 세게 해서 네가 기분이 무척 나빴을 거라고 생각해.

E : 사례(자세한 설명)

(자세히 설명하면) 네가 나한테 물어볼 게 있어서 말을 걸었는데 내가 '뭐'라고 하면서 퉁명스럽게 말했지. 그때 무안해하는 너의 표정을 떠올리니 더욱 미안해진다. 나라도 기분이 매우 나

빴을 거야.

(예를 들어) 지난번에 어떤 애가 그림을 그리길래 무엇을 그리고 있냐고 물어보니까 알 거 없다라고 해서 되게 기분 나빴던 적 있어. 다른 친구라면 나의 말투 때문에 내 욕을 하고 다녔을 텐데 너라서 이해하고 받아주고 그래서 지금까지 친하게 지낼 수 있었던 거 같아.

P′ : 결론

(그러므로) 내 마음 받아주고 앞으로 더 친하게 지내자. 다음부터는 심한 말 절대 안 할게. 다시 한번 미안하고, 고마워.

프렙 편지글 완성하기

○○에게

○○아, 나 △△야.

너에게 사과하고 싶은 마음이 들어 편지를 써. 어제 네가 나한테 다가왔을 때 내가 무뚝뚝하고 말을 세게 해서 기분이 무척 나빴지?

너는 나한테 물어볼 게 있어서 말을 걸었는데 내가 '뭐'라고 하면서 퉁명스럽게 말했잖아. 그때 무안해하는 너의 표정을 떠올리니 더욱 미안해진다. 나라도 기분이 매우 나빴을 거야.

지난번에 어떤 애가 그림을 그리길래 무엇을 그리고 있냐고 물어보니까 알 거 없다라고 해서 되게 기분 나빴던 적 있어. 다른 친구라면 나의 말투 때문에 내 욕을 하고 다녔을 텐데 너라서 이해하고 받아주고 그래서 지금까지 친하게 지낼 수 있었던 거 같아. 심한 말 절대 안 할게. 다시 한번 미안하고, 고마워.

– 2020년 9월 민○가

예시글은 자신의 말투 때문에 상처 입었을 친구에게 편지로 사과의 마음을 전하고 있습니다. 말투 때문에 기분 상했던 경험을 떠올리며 상대의 마음에도 공감하고 있습니다.

사과 편지에는 관련 사건으로 상대방에게 초래된 결과와 마음을 진심으로 공감하며 사과하는 과정이 먼저 나타나야 합니다. 예시글을 보면 P단계와 R단계에서 미안한 마음을 구체적으로 전달하고 있습니다. 그러고 나서 E단계에 사건의 원인을 다각도로 분석해보고 내가 그런 행동을 하게 된 이유나 입장 바꾸어 생각해 본 마음 등을 자세히 써줍니다. 마지막으로 같은 일이 반복되지 않기 위해 앞으로 어떻게 할지 다짐이나 각오를 P′단계에 쓰면 됩니다.

## 4일 차 프렙 독후 제안 편지글 쓰기

학교에서 많이 쓰는 독후 편지 중 제안 편지를 써 봅시다.

'책을 읽는다는 것은 기적을 만들어간다는 것이다. 좋은 책을 읽는다는 것은 과거의 가장 훌륭한 사람들과 대화를 하는 것'이라고 데카르트는 말합니다. 작가는 등장인물 누군가에게 말을 하고 책을 읽는 독자는 그 등장인물과 이야기를 나눕니다. 책을 읽고 나서 주인공이 마음속에 내내 남아 있다면 편지를 쓰고 싶어집니다. 내가 누군가에게 편지를 쓰고 싶을 때를 떠올리면 이해가 쉽습니다. 연애편지처럼 주인공을 좋아하는 마음을 담을 수도 있고, 부모님이 자식에게 또는 친구가 친구에게 편지를 써주듯이 책 속의 주인공에게 편지를 쓸 수도 있을 것입니다.

프렙 구조로 책 속 주인공에게 제안 편지글 쓰기를 지도했던 사례를 소개합니다.

①내가 쓴 제안하는 편지글에서 PREP'에 해당하는 문장을 찾아봅니다.

②다음 쪽의 워크북에 PREP' 문장을 적으면서 빠진 부분은 추가로 채워넣습니다.

③차례대로 문장을 이어 주인공에게 쓰는 편지를 완성합니다.

| 《프레드릭》(레오 리오니, 시공주니어)을 읽고<br>등장인물에게 편지글 쓰기 |
| --- |
| 안녕, 들쥐들아!<br>나는 ○○이라고 해. 너희들이 겨울을 나기 위해서 고생하고 있는 모습을 우연히 책을 통해서 보게 되었어. 정말 열심히 하는 것 같더라.<br>지금 말하려는 건 겨울을 어떻게 행복하게 보낼 수 있는지에 관한 거야. 살아남는 것도 당연히 중요하지만, 행복하게 살면 더 좋잖아? 그러면 너희도 겨울을 기다리게 될 거야!<br>식량과 짚을 모으면서 프레드릭처럼 색과 이야기를 모으는 거야. 예를 들자면 짚의 색, 태양과 햇살의 느낌 같은 거 말이야. 때론 하찮게 보이는 벌레의 이야기, 저기 담 주변에 핀 꽃들의 이야기까지도!<br>너희가 모은 마음의 양식들은 나중에 겨울이 찾아왔을 때도 너희의 마음속에서는 여전히 여름일 수 있게 만들어줄꺼야! 이야깃거리가 많을수록 너희들의 겨울도 행복해질 꺼라 믿어.<br>들쥐들을 응원하는 ○○ |

**확인해보세요**

☐ **P**(나의 생각)를 쓴 문장은 무엇인가요?

☐ **R**(이유나 근거)을 쓴 문장은 무엇인가요?

☐ **E**(예시나 경험)를 쓴 문장은 무엇인가요?

☐ **P′**(결론)를 쓴 문장은 무엇인가요?

☐ 내가 전달하고 싶은 제안이 잘 들어갔나요?

**잠깐!**

아이의 편지글을 읽어보면 겨울을 행복하게 보내기 위한 방법에 대해 제안하고 있습니다.

앞의 글에서 학생은《프레드릭》을 읽고 책 속에서 열심히 겨울 양식만 모았던 들쥐들에게 겨울을 행복하게 보내는 다른 방법을 P단계에 제안합니다. 그리고 R단계에서는 제안하는 까닭, E단계에서는 구체적 제안 내용, P′단계에서는 이 제안을 받아들일 경우 얻게 되는 이로운 점을 쓰고 있습니다.

다음은 E단계 안에 다시 프렙 구조를 넣어 글을 풍성하게 만들고 생각을 연결하며 수정한 글입니다.

## 하루 한 장 프렙 편지글 쓰기

PREP′ 요약하기

P : 나의 생각(제안)

(내가) 지금 말하려는 건 겨울을 어떻게 행복하게 보낼 수 있는지에 관한 거야.

R : 이유

(왜냐하면) 살아남는 것도 당연히 중요하지만, 행복하게 살면 더

좋잖아? 그러면 너희도 겨울을 기다리게 될 거야!

E : 사례

식량과 짚을 모으면서 프레드릭처럼 색과 이야기를 모으는 거야. (예를 들면) 짚의 색, 태양과 햇살의 느낌 같은 거 말이야. 태양의 색, 곡식의 색까지. 모든 것이 얼어붙고 회색빛으로 변하는 겨울에는 볼 수 없는 그런 색들! 그리고 마음의 색들도 모으는 거야! 너희가 곡식을 모을 때, 따스하게 내리 쬐는 햇살을 즐길 때 너의 마음의 색을 생각하는 거지. 그리고 그걸 다시 마음속에 잘 간직해둬. 마지막으로는 이야기를 모으는 거야! 때론 하찮게 보이는 벌레의 이야기, 저기 담 주변에 핀 꽃들의 이야기까지도! 긴 겨울날 더 이상 할 이야기가 없을 때 좋은 이야기 소재가 될 거야.

P′ : 결론

(그러므로)너희가 모은 마음의 양식들은 나중에 겨울이 찾아왔을 때도 너희의 마음속에서는 여전히 여름일 수 있게 만들어줄 꺼야! 따뜻한 햇살, 이야깃거리가 많을수록 너희들의 겨울도 행복해질 꺼라 믿어.

프렙 편지글 완성하기

안녕, 들쥐들아!

나는 ○○이라고 해. 너희들이 겨울을 나기 위해서 고생하고 있는 모습을 우연히 책을 통해서 보게 되었어. 정말 열심히 하는 것 같더라.

지금 말하려는 건 겨울을 어떻게 행복하게 보낼 수 있는지에 관한 거야.

살아남는 것도 당연히 중요하지만, 행복하게 살면 더 좋잖아? 그러면 너희도 겨울을 기다리게 될 거야!

식량과 짚을 모으면서 프레드릭처럼 색과 이야기를 모으는 거야. 예를 들자면 짚의 색, 태양과 햇살의 느낌 같은 거 말이야. 태양의 색, 곡식의 색까지. 모든 것이 얼어붙고 회색빛으로 변하는 겨울에는 볼 수 없는 그런 색들! 그리고 마음의 색들도 모으는 거야! 너희가 곡식을 모을 때, 따스하게 내리 쬐는 햇살을 즐길 때의 너의 마음의 색을 생각하는 거지. 그리고 그걸 다시 마음속에 잘 간직해둬. 마지막으로는 이야기를 모으는 거야! 때론 하찮게 보이는 벌레의 이야기, 저기 담 주변에 핀 꽃들의 이야기까지도! 긴 겨울날 더 이상 할 이야기가 없을 때 좋은 이야기 소재가 될 거야.

너희가 모은 마음의 양식들은 겨울이 찾아왔을 때도 너희의 마음속에서는 여전히 여름일 수 있게 만들어줄 거야! 따뜻한 햇살, 이야깃거리가 많을수록 너희들의 겨울도 행복해질 거라 믿어.

– 들쥐들을 응원하는 6학년 박○○

프렙 제안 편지글 쓰기는 줄거리보다는 자신의 의견을 쓰는 데 편안한 글쓰기 구조를 갖고 있습니다. 독후감을 쓰기 싫어하는 친구들도 책 주인공에게 편지글 쓰기 활동에는 참여하는 것을 종종 봅니다. 편지글이 주는 친근함과 편안함이 영향을 미치는 것으로 판단됩니다. 실제 주인공에게 편지글을 쓸 때는 등장인물을 나의 친구 혹은 친근한 주변인으로 의인화합니다. 그러고 나서 대화하듯 이야기를 주고받기 때문에 주인공의 행동이나 말, 사건에 대한 자신의 견해가 비교적 뚜렷하게 나타납니다.

독후감을 쓸 때 줄거리 위주로 쓰고 자기 생각이나 느낌이 다소 적어 고민인 학생들에게는 프렙 편지글 쓰기 방식을 적극 추천합니다.

## 5일 차 프렙 칭찬(위로)하는 편지글 쓰기

이번에는 칭찬(위로) 편지글을 써봅시다. 1일 차에서 4일 차까지 익혔던 프렙 편지글 쓰기의 종합판이라고 할 수 있습니다.

프렙 구조로 주인공에게 칭찬 편지글 쓰기를 지도했던 사례를 소개합니다.

①내가 쓴 편지글에서 PREP′에 해당하는 문장을 찾아봅니다.

②다음 쪽의 워크북에 PREP′ 문장을 적으면서 빠진 부분은 추가로 채워넣습니다.

③차례대로 문장을 이어 주인공에게 쓰는 편지를 완성합니다.

| 《절대로 실수하지 않는 아이》(마크 펫 외, 두레아이들)를 읽고<br>주인공에게 편지글 쓰기 |
|---|
| 베아트리체에게<br>안녕~ 나는 한국에 사는 서○이야! 네가 평생 실수를 안 하다가 실수를 하고 통쾌해했다고 들었어. 나는 네 소식을 듣고 아주 기뻤어.<br>너 스스로 실수해도 괜찮다는 걸 알았잖아. 사람은 누구나 실수를 해.<br>나는 단어시험을 보기 전까지 astronaut을 astronut이라고 썼어. 시험을 통해 내 실수를 알고 지금은 바로 쓰고 있어. 그러니까 내가 하고 싶은 말은 완벽하지 않아도 된다는 거야.<br><br>다음번에도 너의 실수 이야기를 듣고 싶다.<br>그럼 안녕~.<br>2020년 9월 서○이가 |

**확인해보세요**

☐ **P**(나의 생각)를 쓴 문장은 무엇인가요?

☐ **R**(이유나 근거)을 쓴 문장은 무엇인가요?

☐ **E**(예시나 경험)를 쓴 문장은 무엇인가요?

☐ **P′**(결론)를 쓴 문장은 무엇인가요?

☐ 내가 전달하려는 칭찬이나 위로가 잘 들어갔나요?

**잠깐!**

편지를 쓴 학생은 그동안 완벽주의를 꿈꿨던 베아트리체의 변화를 축하하며 칭찬하고 있습니다.

칭찬 편지글 쓰기 방법은 앞에 설명한 감사의 메모 쓰기 방법과 비슷합니다. P단계에서 나의 감정을 적고, R단계에서는 그 감정이 든 까닭, E단계에서 자신의 경험에 빗대어 설명하기, 마지막 P′단계에서는 일반화시키면서 칭찬과 위로로 마무리하면 됩니다.

다음은 E단계와 마지막 P′단계를 고쳐 쓴 글입니다. 자신의 경험에 따른 성찰 과정을 적었고, 누구나 완벽하지 않다는 일반화 과정을 마지막 P′단계에 넣어 글의 완성도를 높였습니다.

## 하루 한 장 프렙 편지글 쓰기

PREP′ 요약하기

P : 나의 생각(감정)

(나는) 나는 네 소식을 듣고 아주 기뻤어.

R : 이유

(왜냐하면) 너 스스로 실수해도 괜찮다는 걸 알았잖아. 사람은 누구나 실수를 해.

E : 사례

(예를 들어) 나는 단어시험을 보기 전까지 astronaut을 astronut이라고 썼어. 시험을 통해 내 실수를 알고 지금은 바로 쓰고 있어. 비록 당시 백점을 맞지 못했지만, 실수 덕분에 그 단어는 절대 잊어버리지 않거든. 사람은 실수를 하고 그 실수의 원인을 추적하는 과정에서 성장하고 더 나은 성과를 보여주거든.

P′ : 결론

(그러므로) 그러니까 내가 하고 싶은 말은 완벽하지 않아도 된다는 거야. 누구나 완벽하지는 않아. 실수에 대한 조바심을 조금 덜어낸다면 더 좋은 성과를 낼 수 있어. 다음번에도 너의 실수 이야기를 듣고 싶다.

프렙 편지글 완성하기

베아트리체에게

안녕~ 나는 한국에 사는 서○이야! 네가 평생 실수를 안 하다가 실수를 하고 통쾌해했다고 들었어.

나는 네 소식을 듣고 아주 기뻤어.

너 스스로 실수해도 괜찮다는 걸 알았잖아. 사람은 누구나 실수를 해. 나는 학원에서 단어시험을 보기 전까지 astronaut을 astronut이라고 썼어. 시험을 보고 나서 내 실수를 알았고 지금은 바로 쓰고 있어. 비록 당시 백점을 맞지 못했지만, 실수 덕분에 그 단어는 절대 잊어버리지 않거든. 사람은 실수를 하고 그 실수의 원인을 추적하는 과정에서 성장하고 더 나은 성과를 보여주거든.
그러니까 내가 하고 싶은 말은 완벽하지 않아도 된다는 거야. 누구나 완벽하지는 않아. 실수에 대한 조바심을 조금 덜어낸다면 더 좋은 성과를 낼 수 있어. 다음번에도 너의 실수 이야기를 듣고 싶다.
그럼 안녕~

- 2020년 9월 서○이가

## 편지글 쓰기

| |
|---|
| |
| |
| |
| |
| |
| |
| |
| |
| |
| |
| |
| |
| |
| |
| |

**확인해보세요**

- □ **P**(나의 생각)를 쓴 문장은 무엇인가요?
- □ **R**(이유나 근거)을 쓴 문장은 무엇인가요?
- □ **E**(예시나 경험)를 쓴 문장은 무엇인가요?
- □ **P′**(결론)를 쓴 문장은 무엇인가요?
- □ 내가 전달하고 싶은 생각이 잘 들어갔나요?

## 하루 한 장 프렙 편지글 쓰기

| | | |
|---|---|---|
| 전하고 싶은 말 (마음) | | |
| PREP′ 요약하기 | P : 나의 생각(제안)<br>(내가) | |
| | R : 이유<br>(왜냐하면) | |
| | E : 사례(자세한 설명)<br>(예를 들어) | |
| | P′ : 결론<br>(그러므로) | |
| 프렙 편지글 완성하기 | | |

# 4
# 프렙으로 독서토론 글쓰기

우리는 아이가 시끄럽게 주장하지 않고 논리적으로 부드럽게 설득하는 리더가 되길 원합니다. 아이들이 처음부터 말을 잘해서 이렇게 자라주면 좋겠지만 대부분은 그렇지 못합니다.

필자 역시도 어려서부터 말하기가 두려워 내 의견을 당당하게 이야기하지 못했습니다. 그래서 괜히 다른 사람을 탓하기도 하고, 당당하고 논리적으로 말하지 못하는 스스로가 안쓰러웠습니다. 이를 극복하고자 토론 공부를 하던 중 프렙 글쓰기를 알게 되었습니다. 단순한 글쓰기 틀로 한 편의 글이 마법처럼 완성되어가는 재미를 알게 되었습니다.

흔히들 "토론은 말로 하는 논술이고, 논술은 글로 쓰는 토론"이라고 합니다. 토론을 잘 하려면 글쓰기가 필요하고, 글을 잘 쓰려면 토론하는 능력이 필요합니다. 둘은 함께 가야 더 멋지게 성장할 수 있습니다. 《나는 말하듯이 쓴다》(위즈덤 하우스)의 저자 강원국도 "글을 잘 쓰고 싶으면 말을 잘 해야 하고, 말을 잘 하고 싶으면 글을 잘 써야 한다"라고 말을 합니다. 말하기와 글쓰기는 한 몸이며, 말을 잘 하려면 글도 많이 써봐야 하고, 글을 잘 쓰려면 말도 많이 해봐야 한다고 이야기합니다. 아이들에게 토론과 글쓰기를 가르치면서 이 말에 크게 공감합니다. 그래서 표현하기 힘들어하는 아이들에게 프렙 글쓰기 형식을 가르쳐서 글쓰기에 대한 자신감을 갖게 한 후, 토론활동을 합니다. 덕분에 매년 아이들이 글쓰기와 토론에 자신감을 갖게 되는 모습을 봅니다.

말하기가 힘든 사람은 어느 날 갑자기 말문을 틀 수가 없습니다. 글쓰기로 먼저 자기 생각을 정리하고, 그 글을 통해서 말하기를 연습해보면 어느 순간 조금씩 발전하면서 자존감이 성장하는 걸 볼 수 있습니다. 서서히 프렙과 친해진다면 시끄럽게 주장하지 않고 논리적으로 부드럽게 설득하는 멋진 리더가 될 것입니다.

질문 : 어떤 책이 독서토론하기에 쉬울까요?

답 : 논쟁거리가 확실한 책이 독서토론하기 좋습니다.

미국의 유명한 존 F. 케네디는 4~5살 때부터 어머니 로즈 여사로부터 독서와 토론 교육을 받았다고 합니다. 로즈 여사는 9남매나 되는 아이들을 위해 각자 독서리스트를 만들어 책을 읽게 했고, 책을 읽은 후에는 함께 대화하고 토론하면서 책의 내용을 다져나갔다고 합니다. 이처럼 훌륭한 인물 뒤에는 훌륭한 어머니가 있기 마련입니다.

아무리 좋은 책이라도 아이가 흥미를 느끼지 못하면, 책 읽기를 강요할 수 없습니다. 아이가 관심을 갖고 읽고 싶어하는 책을 읽고 독서토론을 하는 것이 좋습니다. 생각하는 것을 힘들어하는 아이일수록 독서토론을 재미있게 하려면 논쟁거리가 분명한 책을 고르는 것이 좋습니다. 로즈 여사처럼 아이들과 책을 읽고 토론을 하는 것은 가정에서 쉽게 따라해볼 수 있는 방법입니다. 아이와 서로 읽은 책을 공유하고 감성을 나누면, 아이들 정서도 안정되고 행복감도 높아질 것입니다.

질문 : 우리 아이는 말을 잘 못 하는데 그래도 토론을 잘 할 수 있을까요?

답 : 꾸준하게 프렙 글쓰기를 하면 토론도 잘 할 수 있어요.

사람들 앞에서 자기 의견을 조리 있게 거침없이 말하는 아이는 거의 없습니다. 대부분 남들 앞에 서기를 부끄러워하며, 자기 의견을 당당히 이야기하지 못하지요. 이런 아이들에게 자신감을 심어줄 수 있는 방법은 없을까요? 이런 아이들은 어떻게 지도해야 할까요?

프렙 글쓰기를 만나게 해주면 됩니다. 프렙 구조로 먼저 아이의 생각을 정리하고, 그 글을 통해서 말하기를 연습하다 보면, 조금씩 발전하는 아이를 발견할 수 있습니다.

가정에서 의견 충돌이 있을 때도 프렙 글쓰기를 이용해 소통하다 보면, 아이들은 자신의 말이 어른에게 통한다는 걸 알게 됩니다. 이런 경험이 많은 아이들은 스스로 부드러운 리더가 될 수 있습니다. 토론 능력은 타고나는 것이 아니라 만들어지는 것입니다.

## 다섯 단계로 완성하는 프렙 독서토론 글쓰기

토론을 잘 하는 아이는 글쓰기를 잘 하는 아이입니다. 평소 말이 별로 없더라도 글쓰기가 뒷받침된 아이들은 말문이 트이는 순간 자신의 글을 바탕으로 토론에 참여하면서 적극적으로 변해갑니다. 적극적인 토론의 참여자로 변신하기 위해서 독서토론 글쓰기를 어떻게 하면 잘 할 수 있을까요?

다음 다섯 단계를 부모님과 함께 천천히 도전해보면, 어느 순간 우리 아이들도 적극적인 토론자로 변신해 있을 것입니다.

## 일주일이면 완성하는 프렙 독서토론 쓰기

| | |
|---|---|
| 1일 차 | 생각 근육을 길러주는 질문 독서 |
| 2일 차 | 토론 글쓰기 주제를 뽑는 질문 만들기 놀이 |
| 3일 차 | 30초 스피치 글쓰기 - 기초를 다지는 프렙 |
| 4일 차 | 1분 스피치 글쓰기 - 성장으로 가는 프렙 |
| 5일 차 | 2분 스피치 글쓰기 - 완성으로 가는 프렙 |

### 1일 차 생각 근육을 길러주는 질문 독서

질문하는 독서란 책을 비판 없이 수동적으로 읽고 그대로 받아들이는 것이 아니라, 글쓴이의 의도를 파악하면서 기존에 내가 갖고 있던 지식과 경험, 생각에 어떠한 영향을 끼쳤는가를 끊임없이 묻고 답하는 능동적인 독서를 말합니다. 작가와 생각을 주고받는 대화에 가까운 독서입니다.

유대인 부모님들은 학교에 다녀온 아이에게 "오늘은 학교에서 무엇을 배웠니?"라고 묻지 않는다고 합니다. 대신 "학교에서 무엇을 질문했니?"라고 물어본답니다. 아이가 선생님이나 부모님께 질문하는 것은 참으로 바람직합니다. 그런데 아이들이 질문을 잘 하려면 부모님들이 평소에 좋은 질문을 많이 하는 습관을 갖는 것이 더 중요합니다. 적절한 순간에 좋은 질문을 하면 아이를 자극하고 생각을 춤추게 할 수 있기 때문입니다.

그럼 어떻게 질문해야 효과적일까요? 책을 읽고 나서 다음과 같이 단계별로 질문해보면 어떨까요?

## 질문 독서 단계별 질문법

가장 좋은 말하기는 질문하기라는 것을 실천하고자 우리는 아이에게 많은 질문을 합니다. 하지만 "이 책의 줄거리는 뭐야?", "주인공한테 배울 점은 무엇이 있을까?" 등의 질문을 던지면서 질문이 다양하지 못함을 느낍니다. 또한 아이들의 수준에 맞는 질문을 찾지 못해서 질문보다는 검사 위주로 아이를 닦달하기도 합니다.

아이들의 생각을 조금씩 열리게 하려면 어떤 질문을 해야 효과적일까요?

아이들이 책을 다 읽고 나서 편안한 상태가 되었을 때, 혹은 아이와 함께 식사를 할 때, 언제라도 좋습니다. 아이와 편안하게 대화할 수 있는 시간을 마련하여 책에 대한 질문을 합니다.

질문을 많이 하는 것보다 중요한 것은 질문의 내용입니다. 하루에 세 가지만 질문해도 충분합니다. 부모의 호기심을 채우는 질문이 아니라 아이의 사고력을 키워주는 질문 세 가지만으로도 아이는 성장합니다.

### 1단계 사실 질문 : 가장 기억에 남는 게 뭐니?

1단계는 학교에서 국어 시간에 많이 다루는데, 책의 내용을 꼼꼼하게 다지는 질문입니다. 기초적인 질문이지만 의외로 아이들이 하지 못하는 경우가 많습니다. 요즘 아이들이 영상물에 익숙해져 문자만 읽거나 그림만 보는 경향이 강하기 때문입니다. 이럴 때 질문은 강압적이지 않게, 부모님이 살짝 힌트를 주며 글 전체를 바라보는 시각을 넓힐 수 있도록 하는 것이 좋습니다.

· 심청이는 왜 인당수에 빠졌을까요?
· 심청이는 아버지를 만나기 위해 어떤 일을 했을까요?
· 심청이 아버지가 눈을 뜨게 된 이유는 뭘까요?
· 심청이가 인당수에 빠진 후에 어떤 일이 일어났을까요?
· 심청이는 결국 어떻게 될까요?
· 소피는 왜 화가 났을까요?
· 소피가 화가 나서 찾아간 곳은 어디일까요?
· 소피는 어떤 방법으로 화를 풀었나요?
· 소피를 위로해준 것은 무엇이었나요?

위와 같이 책의 내용을 정확히 파악할 수 있도록 자극을 주는 질문을 합니다. 평소 아이와 재미있게 놀이할 수 있는 분위기를 만들어서 게임 형식으로 질문 만들기 놀이를 하면 책을 꼼꼼하게 읽는 습관을 자연스럽게 기를 수 있습니다. 시간이 여유롭고 아이가 질문 만들기를 좋아한다면 포스트잇 한 장에 한 가지 질문을 쓴 후에 상대방이 그 아래 답을 써보는 놀이를 해도 좋습니다. 생각보다 아이들이 재미나게 잘 참여합니다.

### 2단계 상상 질문 : 만약 ~라면?

2단계는 초등학교 아이들이 좋아하는 상상하기 질문입니다. "만약 ~라면?"이라고 가정하여 관점을 바꿔보는 질문입니다. 아이들과 이야기하다 아이디어가 떠오르지 않을 때 "만약 ~라면?"이라 질문하기를 권합니다.

- 만약 내가 심청이라면 어떻게 했을까요?
- 만약 내가 거북이라면 토끼와 달리기 시합을 했을까요?
- 만약 달리기 시합이 아니라 헤엄치기 시합을 했다면 어땠을까요?
- 내가 일곱 난쟁이라면 갈 곳 없는 백설공주를 어떻게 도와줄까요?
- 만약 내가 블랑케트였다면 탈출했을까요?
- 만약 스갱 아저씨가 처음부터 블랑케트의 부탁을 들어줬다면 어떻게 되었을까요?
- 내가 만약 소피였다면 화가 날 때 어떻게 풀었을까요?

· 만약 소피가 혼자 숲속에 간 것을 가족들이 알았다면 어떤 행동을 했을까요?
· 만약 소피가 화를 혼자 풀지 못했다면 가족들과의 관계는 어땠을까요?

이처럼 주인공이나 다른 등장인물과 역지사지를 해보는 질문을 통해서 타인에 대한 이해심을 넓힐 수 있습니다. 나도 모르게 가졌던 고정관념을 뒤집어보고 꼬아보고 비틀어보면서 논리력도 키우고 비판적 사고와 더불어 책 내용 자체를 창의적으로 다시 생각해볼 수도 있습니다.

상상하기 질문을 통해서 프렙 구조로 이야기를 정리한 후, 4줄 정도로 한 편의 글을 완성해봅니다.

### 3단계 실천 질문 : 이 책이 말하고자 하는 것은?

3단계에서는 일상생활에서 실천하고자 하는 내용을 담아 질문하면 됩니다. 책 속 등장인물과 유사한 경험이 있는지 질문해보고, 그때 어떻게 했는지, 유사한 상황에 처한다면 어떻게 할 것이지, 이런 일이 생긴다면 대처하기 위해 무엇을 준비할 것인지 등등을 질문해봅니다.

· 토끼와 거북이처럼 친구들과 내기를 해본 적이 있나요?

- 내기에서 졌을 때 기분은 어땠나요?
- 내기에서 내가 이겼을 때 상대방의 기분은 어땠을까요?
- 무리하게 내기를 해본 적이 있나요?
- 내기할 때 재미있나요?
- 화가 났을 때 집을 나가본 경험이 있나요?
- 화가 날 때는 어떻게 화를 푸는게 좋을까요?
- 어른들의 말을 듣지 않아서 후회해본 경험이 있나요?
- 어른들의 말을 듣고 싶지 않을 때 어떻게 어른들을 설득하는 게 좋을까요?

질문을 만들다 보면 질문하는 사람의 평소 가치관이나 현재 상태가 질문에 고스란히 들어가는 것을 알 수 있습니다. 그래서 질문은 부모가 만드는 것보다 아이가 직접 만들어보는 것이 더 좋습니다. 부모는 아이가 만든 질문을 통해서 아이의 현재 상태를 가늠해 볼 수 있습니다. 질문을 만들고 대답하는 과정에서 보이지 않는 인성교육이 저절로 됨을 느낄 수 있습니다.

## 책 읽고 질문 만들기 놀이

책을 읽은 후에 일반적으로 부모는 질문을 하고 아이는 대답을 합니다. 역할을 바꾸어서 아이가 질문하고 부모가 대답해보면 어떨까요? 아마도 아이의 질문에 쉽게 답하지 못하는 경우가 생기지 않을까요?

책을 능동적으로 읽는 방법 중 하나가 질문을 찾는 것입니다. 이번에 설명할 방법은 답을 찾는 것이 아니라 질문을 만드는 게임입니다.

"책을 읽은 후 질문을 최대한 많이 만드는 사람이 이기는 게임이야. 어떤 질문이라도 좋아. 지금부터 5분 동안 궁금한 질문을 적어보는 거야. 알았지?"

짧은 시간을 주고, 아이들에게 궁금한 질문을 많이 써보라고 하면 처음에는 힘들어합니다. 이럴 때는 부모도 같이 질문을 만들어 보는 것이 좋습니다. 실제로 질문을 만들다 보면 처음에는 질문 만들기가 쉽지 않다는 것을 느낍니다. 질문을 만드는 과정을 통해 아이와 책에 대해 이야기하면서 다시 질문을 만들면 처음에는 상식

적이고 일반적이었던 질문이 어느 순간 굉장히 높은 수준에 이르게 되는 것을 발견합니다. 질문을 만들었을 뿐인데, 답을 찾을 수 있는 사고의 힘도 저절로 키워집니다. 질문을 하면 답이 떠오른다고 합니다.

다음은《소피가 화나면, 정말 정말 화나면》(몰리 뱅, 책읽는곰)을 읽고 4학년 아이들이 만들어낸 질문입니다.

· 소피는 왜 화를 냈을까요?
· 소피 언니는 왜 소피에게 말도 없이 고릴라 인형을 가져갔을까요?
· 만약 내가 소피라면 언니 편을 든 엄마에게 무슨 말을 했을까요?
· 언니 편을 든 엄마를 보고 소피는 어떤 감정이 들었을까요?
· 숲속으로 간 소피의 행동은 위험하지 않았을까요?
· 만약 가족들이 소피가 혼자 숲속에 간 것을 알았더라면 어떻게 했을까요?
· 소피가 화를 푸는 방법은 올바른 방법이었을까요?
· 소피가 집을 나갔을 때 왜 가족들은 소피를 찾지 않았을까요?
· 화가 났을 때 소피처럼 집을 나가본 경험이 있나요?
· 화가 날 때 어떻게 푸는 것이 좋을까요?

· 기분 좋게 화를 푸는 방법을 알고 있나요?
· 자연으로 가면 화가 잘 풀릴까요?
· 소피처럼 화가 난다고 집을 나가면 문제가 해결될까요?
· 소피는 왜 숲속에 가서 화를 풀었나요?

다음은《스갱 아저씨의 염소》(알퐁스 도데, 파랑새)와《소피가 화나면 정말 정말 화나면》을 읽고 초등학교 6학년 아이들과 2학년 아이들이 만들어낸 질문입니다.

· 스갱 아저씨는 어떤 사람인가요?
· 혹시 주변에 스갱 아저씨나 블랑케트를 닮은 사람이 있나요?
· 만약 블랑케트가 농장에서 계속 살았다면 어떻게 살았을까요?
· 스갱 아저씨는 왜 스갱을 산에 오르지 못하게 했나요?
· 집을 나간 스갱은 후회하는 마음이 생기지 않았을까요?
· 만약 내가 스갱이라면 어떤 선택을 했을까요?
· 블랑케트는 왜 집을 나가고 싶었을까요?
· 블랑케트는 늑대와 싸우면서 후회하지 않았을까요?
· 집을 나간 블랑케트를 스갱 아저씨는 어떻게 생각할까요?
· 블랑케트가 간절히 원한 것은 무엇이었나요?
· 스갱 아저씨는 왜 블랑케트의 마음을 읽지 못했을까요?

· 내가 블랑케트라면 자유는 없지만 안전한 농장과 위험해도 자유로운 산 중에서 어느 곳을 선택하고 싶은가요?
· 스갱 아저씨가 블랑케트를 키우는 방법은 옳았을까요?

책을 읽고 질문을 많이 만들다 보면 책을 깊이 읽는 훈련이 자연스럽게 됩니다. 책을 읽으면서 질문을 떠올려보고 그에 대한 생각을 넓혀가는 과정을 익히는 것입니다.

아이들과 책을 읽고, 질문 찾기를 할 때는 먼저 시간을 정합니다. 5분 정도의 시간을 정해두고 아이들이 빠르게 질문을 찾을 수 있도록 유도합니다. 긴 시간을 주는 것보다 짧은 시간을 정해주는 것이 순발력을 더 키워줍니다. 짧은 시간 동안 많은 질문을 찾아낸 후 아이가 만든 질문을 토론 논제로 활용해도 좋습니다.

처음에는 무조건 질문을 많이 쓰는 식으로 게임을 해보다가 아이들과 함께 좋은 질문과 그렇지 않은 질문을 고르는 연습을 해보면 좋습니다. 한 가지 답이 아니라 여러 가지 답과 대안을 찾아낼 수 있는 질문이 좋은 질문이라는 것을 스스로 깨닫게 될 것입니다.

### 토론 글쓰기 주제 정하기

마지막으로 토론 글쓰기 주제는 어떻게 정하는 것이 좋을까요? 질문에 대한 답이 찬성과 반대 의견으로 나올 수 있는 것이면 됩니다. 처음에는 토론 논제로 쓰일 질문이 쉽게 만들어지지 않을 수도 있습니다. 그러나 질문을 다양하게 만드는 연습을 하다 보면 어느 순간 토론 논제에 쓰일 질문이 떠오릅니다. 다음은 책을 읽고 질문에서 찾아본 토론 글쓰기 주제입니다.

Q. 인당수에 빠진 심청이는 효녀일까요?

· 찬성: 심청이는 효녀이다.

· 반대: 심청이는 효녀가 아니다.

Q. 정당한 경기를 위해서 거북이는 토끼를 깨워야 했을까요?

· 찬성: 정당한 경기를 위해서 거북이는 토끼를 깨워야 한다.

· 반대: 정당한 경기를 위해서 거북이는 토끼를 깨울 필요가 없다.

Q. 소피가 혼자서 숲속에 가서 화를 푼 것은 올바른 방법이었을까요?

· 찬성: 소피가 혼자서 숲속에 가서 화를 푼 것은 올바른 방법이었다.

· 반대: 소피가 혼자서 숲속에 가서 화를 푼 것은 올바른 방법이 아니었다.

Q. 경순왕이 고려에 항복한 것은 옳은 행동이었을까요?

· 찬성: 경순왕이 고려에 항복한 것은 옳은 행동이다.

· 반대: 경순왕이 고려에 항복한 것은 옳지 않은 행동이다.

Q. 블랑케트가 자유를 찾아 집을 나간 것은 옳은 것일까요?

· 찬성: 블랑케트가 집을 나간 것은 옳다.

· 반대: 블랑케트가 집을 나간 것은 옳지 않다.

Q. 스갱 아저씨가 블랑케트를 키우는 방법은 옳은 것일까요?

· 찬성: 스갱 아저씨가 블랑케트를 키우는 방법은 옳다.

· 반대: 스갱 아저씨가 블랑케트를 키우는 방법은 옳지 않다.

## 3일 차 30초 스피치 글쓰기: 기초를 다지는 프렙

### 근거와 예시를 하나만 써도 30초 글쓰기 완성!

아이에게 컴퓨터 글자 크기 11포인트로 5줄 정도면 30초 스피치를 할 수 있다고 알려주면, 아이들은 보다 쉽게 글쓰기에 도전을 합니다. 프렙 구조를 이용해서 생각나는 대로 써넣기만 하면 30초 스피치 분량의 글쓰기가 완성됩니다. 어렵지 않겠지요? 30초 스피치 분량의 글쓰기가 부담스럽지 않다고 느낄 때까지 분량을 늘리지 말고 연습을 하면 아이들이 먼저 1분으로 늘리자고 합니다. 그럴 때 슬그머니 "그럼 어디 한번 늘려볼까?"라고 하면서 아이를 칭찬해주면, 1분 스피치 글쓰기 도전은 성공입니다. 이제 책을 읽고 프렙 찬반 글쓰기를 어떻게 해야 하는지 알아보도록 하겠습니다.

1. P(주장) : 독서토론 글쓰기를 시작할 때는 아주 쉽고 재미있는 찬반 글쓰기 주제로 시작하는 것이 좋습니다. 책을 읽은 후 질문 만들기를 통해서 나온 질문을 토대로 아이와 함께 논제를 정합니다. 토론 글쓰기 논제는 찬성과 반대가 공존해야 하며 자신의 주장은 두괄식으로 서술합니다. 예를 들어서 '심청이는 효녀가 아니다.', '병수가 닭을 가져다준 행동은 옳다.'와 같이 자신의 확고한 의견을 말하는 것입니다.

P : (저는) 블랑케트가 자유를 찾아 탈출한 것은 용감한 행동이라고 생각합니다.

2. R(근거) : 주장한 의견에 대해 이유와 근거를 말하는 단계입니다. '아버지를 두고 혼자 떠나는 심청이가 아버지를 옆에서 돌봐줄 수 없기 때문입니다', '아버지는 딸과의 이별을 무척 마음 아파할 것입니다', '병수는 자신의 욕심 때문이 아니라 순님이네 가족의 처지가 너무 안타깝게 느껴져서 돕고 싶다는 선한 생각으로 가져다주었기 때문입니다'와 같이 주장에 대한 근거를 제시하는 것입니다. 근거를 생각하기 힘들어하는 경우에는 근거를 한 가지로 시작하여 학년이 올라갈수록 근거의 개수를 늘려주는 것이 좋습니다. 찬반 글쓰기에서 근거는 최대 3개 정도로 요약합니다.

P : (저는) 블랑케트가 자유를 찾아 탈출한 것은 용감한 행동이라고 생각합니다.

R : (왜냐하면) 짧은 시간이었지만 자신이 원하는 일을 했기 때문입니다.

3. E(예시): 사례 제시하기입니다. '예를 들면', '~에 따르면', '만약' 등의 어휘를 사용하여 이유의 타당성을 설명합니다. 객관적인 자료, 전문가의 의견, 신문기사, 실험 결과나 통계, 구체적인 예시나 사례를 곁들이면 주장과 이유가 훨씬 돋보입니다.

P : (저는) 블랑케트가 자유를 찾아 탈출한 것은 용감한 행동이라고 생각합니다.

R : (왜냐하면) 짧은 시간이었지만 자신이 원하는 일을 했기 때문입니다.

E : (예를 들면) 블랑케트는 평소에 가보고 싶었던 숲속에 가서 여기저기 핀 꽃을 뜯어먹기도 하고, 산속을 맘껏 뛰어다니면서 숲속 풍경을 즐기기도 했습니다. 또한 검은 영양을 만나 사랑에 빠져 행복한 시간을 보내기도 했습니다.

4. P′(재주장) : 재주장으로 자신의 주장과 상대방의 입장 등을 최종 정리하는 단계입니다. 일반적으로 의견을 강조하기 위해서

는 '그러므로 ~하게 하자', '상황에 따라 예외가 있을 수 있지만', '사람에 따라 다를 수도 있지만', '~에 달려 있지만' 등의 문구로 예외를 포함하여 앞에서 말한 내용을 총정리합니다.

P : (저는) 블랑케트가 자유를 찾아 탈출한 것은 용감한 행동이라고 생각합니다.

R : (왜냐하면) 짧은 시간이었지만 자신이 원하는 일을 했기 때문입니다.

E : (예를 들면) 블랑케트는 평소에 가보고 싶었던 숲속에 가서 여기저기 핀 꽃을 뜯어먹기도 하고, 산속을 맘껏 뛰어다니면서 숲속 풍경을 즐기기도 했습니다. 또한 검은 영양을 만나 사랑에 빠져 행복한 시간을 보내기도 했습니다.

P′ : (그러므로) 저는 블랑케트가 자유를 찾아 집을 나간 것은 용감한 일이라고 생각합니다.

이상이 프렙 찬반 글쓰기 4단계입니다. 어떤가요? 아이들과 질문을 만들며 이야기를 나눈 후, 프렙 구조로 글을 써보는 건 쉽지 않을까요? 학년 수준을 고려하여 프렙 글쓰기 4단계를 차츰차츰 늘려가는 연습을 하는 것도 좋습니다.

## 4일 차 1분 스피치 글쓰기 : 성장으로 가는 프렙

### 근거와 예시를 2~3개만 써도 1분 글쓰기 완성!

1분 분량의 글은 글자 크기 11포인트 10줄 정도면 된다는 것, 기억하시죠? 이제 1분 분량으로 늘리기 위해서 무엇을 해야 할까요? 곧바로 글을 쓰라고 하면 바로 쓰는 아이는 거의 없을 것입니다. 그래서 필요한 것이 부모님과 나누는 책에 대한 이야기입니다. 앞에서 언급한 것처럼 질문도 만들어보고 서로 이야기도 나눠보면서 자연스럽게 근거와 예시를 찾는 연습을 해보세요. 아이가 눈치채지 못하게 연습하다 보면 글쓰기가 한결 쉬워질 것입니다.

1분 스피치 글쓰기는 프렙 구조를 이용하되 근거와 예시를 늘려주면 됩니다. 다음 글을 보세요.

저는 블랑케트가 자유를 찾아 탈출한 것은 용감한 행동이라 생각합니다.
왜냐하면 첫째, 짧은 시간이었지만 자신이 원하는 일을 했기 때문입니다.
예를 들면 블랑케트는 평소에 가보고 싶었던 숲속에 가서 여기저기 핀 꽃을 뜯어먹기도 하고, 산속을 맘껏 뛰어다니면서 숲속

풍경을 즐기기도 했습니다. 또한 검은 영양을 만나 사랑에 빠져 행복한 시간을 보내기도 했습니다.

둘째, 블랑케트도 자유를 원하기 때문입니다.

예를 들면 블랑케트는 태어나서 자유를 가져본 적이 없었습니다. 넓은 들판을 두고 평생을 집 안에서만 지내야 하는 블랑케트에게 자유는 간절한 소망이었습니다.

셋째, 블랑케트는 자유에 대한 책임을 졌기 때문입니다.

예를 들면 블랑케트가 산속에서 늑대와 마주쳤을 때도 도망가지 않고 최선을 다해서 싸웠고, 자신이 집을 나온 것에 대해서 후회를 하지도 않았습니다.

그러므로 저는 블랑케트가 자유를 찾아 탈출한 것은 용감한 일이라고 생각합니다.

## 5일 차 2분 스피치 글쓰기: 완성으로 가는 프렙

### 서론과 결론을 넣어주면 2분 글쓰기 완성

2분 분량의 글은 글자 크기 11포인트 20줄 정도면 됩니다. 2분 분량의 글쓰기도 형식만 알면 어렵지 않습니다. 주장하는 글쓰기에서 다른 사람을 설득하는 효과적인 방법은 무엇이 있을까요?

상대방에게 자신의 의견을 곧바로 이야기하는 것보다는, 본격적인 주장을 쓰기 전에 주장의 배경에 대해 쓰면 좋습니다. 주어진 논제의 배경은 시급성, 중요성, 개선의 필요성으로 제시할 수 있습니다. '이 논제가 정말 우리에게 절박하고 급하게 해결해야 하는 문제인가?', '이 논제가 우리에게 정말 필요한가?', '이 논제가 정말 현재 상황에서 개선할 필요성이 있는가?' 등을 생각하고 글을 쓰면 됩니다. 이러한 배경을 언급하면 글쓰기의 필요성이 부각되기 때문입니다. 서론과 본론을 완성한 후 반론 꺾기와 정리를 차례로 하면 한 편의 멋진 글이 완성됩니다.

반론 꺾기는 반대 의견, 반론이 있을 것이라고 예상하여 꺾는 것입니다. 상대방의 의견이나 설명에 대한 반론을 제기한 후 그 대안이나 해결 방법을 제시합니다.

정리는 어떤 일이든 예외가 있을 수 있다는 것을 인정하면서 시작하는 것이 좋습니다. 따라서 '~하지 않는 한', '~에 달려 있지만', '상황에 따라 예외가 있을 수 있지만' 등 예외를 포함하여 앞에서 말한 내용을 정리합니다.

위와 같은 단계에 맞춰 순서대로 따라서 쓰기만 하면 글쓰기가 어느 순간 근사한 한 편의 글이 완성되어 이 세상에 나올 수 있습니다.

서론
'자유가 아니면 죽음을 달라.' 미국의 정치가인 페트릭 헨리가 한 말입니다. 아마도 책 속 주인공인 블랑케트가 가장 외치고 싶었던 말이었을 것입니다. 자신이 하고 싶은 일을 하기 위해서 용감하게 자유를 선택한 블랑케트는 꿈을 꾸기만 하는 염소가 아니었습니다. 자신의 자유를 위해 책임을 용기 있게 감당하였습니다.

본론
저는 블랑케트가 자유를 찾아 탈출한 것은 용감한 일이라고 생각합니다.
(왜냐하면) 첫째, 짧은 시간이지만 자신이 원하는 일을 했기 때문입니다. 예를 들면 블랑케트는 평소에 가보고 싶었던 숲속에 가서 여기저기 핀 꽃을 뜯어먹기도 하고, 산속을 맘껏 뛰어다니면서 숲속 풍경을 즐기기도 했습니다. 또한 검은 영양을 만나 사랑에 빠져 행복한 시간을 보내기도 했습니다.
둘째, 블랑케트는 자유를 원하기 때문입니다. 예를 들면 블랑케트는 태어나서 자유를 가져본 적이 없었습니다. 넓은 들판을 두고 평생을 집 안에서만 지내야 하는 블랑케트에게 자유는 간절한 소망이었습니다.

셋째, 블랑케트는 자유에 대한 책임을 졌기 때문입니다. 예를 들면 블랑케트가 산속에서 늑대와 마주쳤을 때도 도망가지 않고 최선을 다해서 싸웠고, 자신이 집을 나온 것에 대해서 후회를 하지도 않았습니다.

결론

물론 반대 측에서는 자유보다 더 소중한 것이 생명이라고 말할 수도 있습니다. 그러나 울타리 안에서 통제되어 하루하루를 슬퍼하면서 지낸다면 과연 한 순간이라도 블랑케트가 행복을 맛볼 수 있었을까요? 오히려 산을 그리워하다가 시름시름 앓는 것보다 자신의 가치를 실현하기 위해 용기 있게 도전하여 짧은 순간이지만 자신의 선택에 후회하지 않고 행복함을 느낀 시간이었다면 블랑케트의 행동이 위대한 도전이 아닐까요?

그러므로 저는 블랑케트가 자유를 찾아 탈출한 것은 용감한 일이었다고 생각합니다.

다음에 소개된 사례는 질문 만들기 연습을 충분히 하고 15분간의 글쓰기 시간을 준 후에 쓴 글들입니다.

이러한 글을 쓰기 위해서는 평소 프렙 구조를 이용하여 일상의 가벼운 주제로 연습을 충분히 합니다. 누구나 쉽게 이야기할 수 있는 주제로 연습을 한 후에 그림책 활용 글쓰기를 합니다. 먼저 다양한 질문 만들기 과정을 거친 후에 토론할 수 있는 논제를 찾아봅니다. 토론 글쓰기 논제를 찾았다면 아래의 형식에 따라 프렙 글쓰기로 쉬우면서도 완성도 있는 독서토론 글쓰기를 시도해봅니다. 생각보다 쉽게 한 편의 토론 글쓰기가 완성되는 것을 체험할 수 있습니다.

평소 글쓰기를 어려워했던 아이라면 완성된 글을 보면서 글쓰기에 대한 두려움을 조금씩 떨쳐내는 것을 직접 볼 수 있을 것입니다. 일주일에 두세 번 정도만 꾸준히 15분씩 간단한 글쓰기 연습을 하면 충분합니다. 15분 동안 집중해서 글쓰기가 익숙해지면 굳이 15분을 주지 않더라도 좀 더 긴 시간을 투자해 글을 쓰는 아이가 될 것입니다. 왜냐하면, 어느새 자신의 생각이 충분히 들어가는 훌륭한 글쓰기를 쉽게 완성할 수 있음을 발견했기 때문입니다. 자신의 글쓰기 실력이 눈에 보일 때가 되면 말하지 않아도 스스로 글 쓰는 아이가 될 수 있습니다.

## 프렙 독서토론 1단계 찬성 글쓰기

PREP' 요약하기

P : 나의 주장

(나는) 소피가 혼자서 숲속에 가서 화를 푼 것은 올바른 방법이

었다고 생각합니다.

R : 이유

(왜냐하면) 다른 사람에게 피해를 주지 않고 혼자서 화를 풀고 잘 해결했기 때문이다.

E : 사례

(예를 들어)

소피는 언니와 엄마 때문에 화가 났지만 숲속에 있는 밤나무에 올라가서 마음을 가라앉히고 화를 풀 수 있었습니다. 그리고 바다를 보면서 위로를 받았고 기분까지 좋아졌기 때문입니다.

P′: 결론

(그러므로) 나는 '혼자서 숲속에 가서 스스로 화를 풀었던 소피의 방법이 올바른 방법이었다'라고 생각합니다.

프렙 독서토론 글 완성하기

나는 소피가 혼자서 숲속에 가서 화를 푼 것은 올바른 방법이었다고 생각합니다.

왜냐하면, 다른 사람에게 피해를 주지 않고 혼자서 화를 풀고 해결했기 때문입니다. 소피는 언니와 엄마 때문에 화가 났지만 숲속에 있는 밤나무에 올라가서 마음을 가라앉히고 화를 풀 수 있었습니다. 그리고 바다를 보면서 위로를 받았고 기분까지 좋아졌기 때문입니다.

그러므로 나는 '혼자서 숲속에 가서 스스로 화를 풀었던 소피의 방법이 올바른 방법이었다'라고 생각합니다.

- 《소피가 화나면, 정말 정말 화나면》을 읽고 쓴 프렙 찬성 글쓰기

## 프렙 독서토론 1단계 반대 글쓰기

PREP' 요약하기

P : 나의 주장

(나는) 소피가 혼자서 숲속에 가서 화를 푼 것은 잘못된 방법이었다라고 생각합니다.

R : 이유

(왜냐하면) 숲속에 혼자 가는 것은 위험하기 때문입니다.

E : 사례

(예를 들어) 소피는 집에 있는 가족들에게 아무 말도 하지 않고 숲속으로 갔습니다. 숲속은 위험한 곳인데 혼자서 간 것을 가족들이 안다면 걱정을 많이 할 수 있고, 위험한 짐승도 있을 수 있기 때문입니다.

P' : 결론

(그러므로) 나는 소피가 숲속에 혼자 가서 화를 푸는 것은 잘못된 방법이라고 생각합니다.

프렙 독서토론 글 완성하기

나는 소피가 혼자서 숲속에 가서 화를 푼 것은 잘못된 방법이었다고 생각합니다.

왜냐하면, 숲속에 혼자 가는 것은 위험하기 때문입니다. 소피는 집에 있는 가족들에게 아무 말도 하지 않고 숲속으로 갔습니다. 숲속은 위험한 곳인데 혼자서 간 것을 가족들이 안다면 걱정을 많이 할 수 있고 위험한 짐승도 있을 수 있기 때문입니다.

그러므로 나는 소피가 숲속에 혼자 가서 화를 푸는 것은 잘못된 방법이라고 생각합니다.

–《소피가 화나면, 정말 정말 화나면》을 읽고 쓴 프렙 반대 글쓰기, 2학년 학생

## 프렙 독서토론 2단계 찬성 글쓰기

PREP′ 요약하기

P : 나의 주장

(나는) 경순왕이 고려에 항복한 것은 옳은 행동이라고 생각한다.

R1 : 이유

(첫째) 많은 신라 백성들을 살릴 수 있었다.

E1 : 사례

(예를 들어) 질 수밖에 없는 싸움에서 무모하게 전쟁을 일으키면 얻을 수 있는 것은 결국 백성들의 빼앗긴 목숨뿐이다. 백성

을 사랑한다는 것은 백성의 목숨을 사랑하는 일이다. 죄없는 백성들을 전쟁의 고통에서 지키는 것은 임금으로서 마땅히 지켜야 할 의무이다.

R2 : 이유

(둘째) 고려의 힘이 강했다.

E2 : 사례

(시대 상황) 경순왕은 이미 민심을 잃은 반면 고려 왕건은 많은 민심을 얻고 있었다. 또한 항복하는 자에게는 후한 대접을 해주었으나 반항하는 자에게는 가차 없이 대하였기 때문에 항복을 하는 것이 최선일 수밖에 없었다.

P′ : 결론 (그러므로) 뻔히 질 수밖에 없는 싸움에서 무모하게 전쟁을 하는 것보다는 항복을 통해서 백성의 목숨을 지켰던 경순왕의 행동은 옳은 행동일 수밖에 없다.

프렙 독서토론 글 완성하기

나는 고려의 경순왕이 고려에 항복한 것은 옳은 행동이라고 생각한다. 그렇게 생각한 이유는 다음과 같다.

첫째, 항복을 통하여 신라 백성들을 살릴 수 있었다. 질 수밖에 없는 싸움에서 무모하게 전쟁을 일으키면 얻는 것은 결국 백성들의 빼앗긴 목숨뿐이다. 백성을 사랑한다는 것은 백성의 목숨을 사랑하는 일이다. 죄 없는 백성들을 전쟁의 고통에서 지키는 것은 임금으로서 마땅히 지켜야 할 의무이다.

둘째, 고려의 힘이 강했다. 당시에 경순왕은 이미 민심을 잃은 반면 고려 왕건은 많은 민심을 얻고 있었다. 또한 항복하는 자에게는 후한 대접을 해주었으나 반항하는 자에게는 가차 없이 대하였기 때문에 항복을 하는 것이 최선일 수밖에 없었다.

그러므로 뻔히 질 수밖에 없는 싸움에서 무모하게 전쟁을 하는 것보다는 항복을 통해서 백성의 목숨을 지켰던 경순왕의 행동은 옳은 행동일 수밖에 없다. 이러한 이유로 나는 경순왕이 고려에 항복한 것은 옳은 행동이라고 생각한다.

– 《마지막 왕자》(강숙인, 푸른 책들)를 읽고 쓴 프렙 찬성 글쓰기, 6학년 학생

## 프렙 독서토론 2단계 반대 글쓰기

PREP' 요약하기

P : 나의 주장

(나는) 경순왕이 고려에 항복한 것은 옳지 않은 행동이라고 생각한다.

R1 : 이유

(첫째) 경순왕은 모든 것을 부정적으로만 생각했다.

E1 : 사례

(예를 들어) 신라에는 마의태자를 중심으로 다시 신라를 세우기

위해 뜻이 같은 백성들을 모아서 훈련을 준비하기도 했다. 그러나 미리 겁을 먹고 항복을 최선이라고 생각하며 싸울 생각조차 하지 않은 경순왕 때문에 신라는 망할 수밖에 없었다.

R2 : 이유

(둘째) 열을 잃고 하나를 얻는 것이 더 값질 때도 있다.

E2 : 사례

(예를 들어) 자신을 잃고, 백성들을 잃고, 군사들과 나라를 잃더라도 더 크게 얻을 수 있는 것이 있다. 그것은 바로 나라를 구하려고 했던 정신이다. 그 정신을 후손들에게 길이길이 기억될 수 있도록 남겨주는 것은 큰 가치가 있는 일이다.

P′ : 결론

(그러므로) 도전하지도 않고 미리 겁을 먹고 나라를 포기하여 백성들에게 나라잃은 슬픔을 준 경순왕의 태도는 옳지 않은 행동이라고 생각한다.

프렙 독서토론 글 완성하기

나는 경순왕이 고려에 항복한 것은 옳지 않은 행동이라고 생각한다. 그렇게 생각한 이유는 다음과 같다.

첫째, 경순왕은 모든 것을 부정적으로만 생각했다. 신라에는 마의태자를 중심으로 다시 신라를 세우기 위해 뜻이 같은 백성들을 모아서 훈련을 준비하기도 했다. 그러나 미리 겁을 먹고 항복을 최선이라고 생각하며 싸울 생각조차 하지 않은 경순왕 때문에 신라는 나라를 잃은 수치를 겪을 수 밖에 없었다.
둘째, 열을 잃고 하나를 얻는 것이 더 값질 때도 있다. 자신을 잃고, 백성들을 잃고, 군사들과 나라를 잃더라도 더 크게 얻을 수 있는 것이 있다. 그것은 바로 나라를 구하려고 했던 정신이다. 그 정신을 후손들에게 길이길이 기억될 수 있도록 남겨주는 것은 큰 가치가 있는 일이다.
따라서 도전하지도 않고 미리 겁을 먹고 나라를 포기하여 백성들에게 나라 잃은 슬픔을 준 경순왕의 태도는 옳지 않은 행동이라고 생각한다.

-《마지막 왕자》를 읽고 쓴 프렙 반대 글쓰기

## 하루 한 장 프렙 독서토론 글쓰기

PREP' 요약하기

P : 나의 주장

(나는) 부모님의 잔소리는 유익하다고 생각한다.

R1 : 이유

(첫째) 우리들의 잘못된 행동을 바로잡을 수 있다.

E1 : 사례

(예를 들어) 보통 내가 공부를 하지 않고 있거나, 게임만 하고 있

다면 어른들은 잔소리를 한다. 나는 나쁜 행동이라는 것을 알면서도 유혹에 빠질 수도 있는데 어른들의 잔소리를 들으면서 정신을 차리고, 나의 행동을 고칠 수 있기 때문이다.

R2 : 이유

(둘째) 잔소리는 어른들의 관심의 표현이다.

E2 : 사례

(예를 들어)우리는 아직 혼자서 모든 것을 할 수 없고 바르게 판단하는 힘이 약하다. 그래서 우리들이 올바로 자라날 수 있도록 관심을 갖고 있기에 사랑의 잔소리를 하는 것이다.

R3 : 이유

(셋째) 잔소리는 꼭 필요한 충고이다.

E3 : 사례

(속담) 입에 쓴 약이 몸에 더 좋다는 옛말이 있다. 당장 입에 쓰기는 하지만 그 쓴소리가 우리에게 결국 약이 되며, 공부에 도움이 되는 경우가 많다.

P′ : 결론

따라서 어른들의 잔소리를 나에 대한 사랑의 소리라고 긍정적으로 생각한다면 어른들의 잔소리는 매우 소중한 소리가 될 수 있기 때문에 어른들의 잔소리는 유익하다고 생각한다.

프렙 독서토론 글 완성하기

나는 어른들의 잔소리가 유익하다고 생각한다. 그 이유는 다음과 같다.

첫째, 어른들의 잔소리로 우리들의 잘못된 행동을 바로잡을 수 있다. 보통 내가 공부를 하지 않고 있거나, 게임만 하고 있다면 어른들은 잔소리를 한다. 나쁜 행동이라는 것을 알면서도 유혹에 빠질 수도 있는데 어른들의 잔소리를 들으면서 정신을 차리고, 나의 행동을 고칠 수 있기 때문이다.

둘째, 잔소리는 어른들의 관심의 표현이다. 우리는 아직 혼자서 모든 것을 할 수 없고 바르게 판단하는 힘이 약하다. 그래서 우리들이 올바로 자라날 수 있도록 관심을 갖고 있기에 사랑의 잔소리를 하는 것이다.

셋째, 잔소리는 꼭 필요한 충고이다. 입에 쓴 약이 몸에 더 좋다는 옛말이 있다. 당장 입에 쓰기는 하지만 그 쓴소리가 우리에게 결국 약이 되며, 공부에 도움이 되는 경우가 많다.

따라서 어른들의 잔소리를 나에 대한 사랑의 소리라고 긍정적으로 생각한다면 어른들의 잔소리는 매우 소중한 소리가 될 수 있기 때문에 어른들의 잔소리는 유익하다고 생각한다.

- 《어른들은 절대로 안 그래?》(다비드 칼리, 보물창고)를 읽고 쓴
프렙 찬성 글쓰기, 6학년 학생

## 하루 한 장 프렙 독서토론 글쓰기

PREP′ 요약하기

P : 나의 주장

나는)부모님의 잔소리는 유익하지 않다고 생각한다.

R1 : 이유

(첫째) 스트레스가 더 쌓여서 반항심이 생긴다.

E1 : 사례

(예를 들어) 공부를 하려고 책을 꺼내는데 엄마의 잔소리가 들려오면 하던 일이 하기가 싫어지고 짜증이 더 난다. 이것이 반복되면 우울증 증상이 나타나고 모든 일에 반항심이 생긴다.

R2 : 이유

(둘째) 잔소리보다 칭찬이 효과가 좋다.

E2 : 사례

(예를 들어) 아무리 좋은 잔소리라도 듣기 싫은 법이다. 잔소리 대신 좋은 점을 칭찬해주면 오히려 부모님에게 미안한 마음이 생겨서 더 잘 하려고 하는 마음이 커진다.

R3 : 이유

(셋째) 능률 저하의 원인이 된다.

E3 : 사례

(속담) 식물도 쓴소리를 들으면 잘 자라지 않는다는 실험 결과

가 있듯이 듣기 싫은 소리는 결국 의욕을 떨어뜨려 학교생활에 도 지장을 준다.

P′: 결론

그러므로 듣기 싫은 잔소리가 우리에게 불러오는 것은 결국 짜증과 스트레스뿐이다. 이러한 이유로 나는 부모님의 잔소리는 도움이 되지 않는다고 생각한다.

프렙 독서토론 글 완성하기

나는 어른들의 잔소리가 유익하지 않다고 생각한다. 그 이유는 다음과 같다.

첫째, 스트레스가 더 쌓여서 반항심이 생긴다. 내가 공부를 하려고 책을 꺼내는데 엄마의 잔소리가 들려오면 하던 일이 하기가 싫어지고 짜증이 더 난다. 이것이 반복되면 우울증 증상이 나타나고 모든 일에 반항심이 생긴다.

둘째, 잔소리보다 칭찬이 효과가 좋다. 아무리 좋은 잔소리라도 듣기 싫은 법이다. 잔소리 대신 좋은 점을 칭찬해주면 오히려 부모님에게 미안한 마음이 생겨서 더 잘 하려고 하는 마음이 커진다.

셋째, 능률 저하의 원인이 된다. 식물도 쓴소리를 들으면 잘 자라지 않는다는 실험 결과가 있듯이 듣기 싫은 소리는 결국 의욕을 떨어뜨려서 학교생활에도 지장을 준다.

그러므로 듣기 싫은 잔소리가 우리에게 불러오는 것은 결국 짜증과 스트레스뿐이다. 이러한 이유로 나는 부모님의 잔소리는 도움이 되지 않는다고 생각한다.

-《어른들은 절대로 안 그래?》를 읽고 쓴 프렙 반대 글쓰기

# 독서토론 글쓰기

**확인해보세요**

- ☐ **P**(나의 생각)를 쓴 문장은 무엇인가요?
- ☐ **R**(이유나 근거)을 쓴 문장은 무엇인가요?
- ☐ **E**(예시나 경험)를 쓴 문장은 무엇인가요?
- ☐ **P′**(결론)를 쓴 문장은 무엇인가요?
- ☐ 나의 주장, 근거, 예시가 타당하고 설득력 있나요?

# 하루 한 장 프렙 독서토론 글쓰기

| | | |
|---|---|---|
| **토론 주제** | | |
| **PREP′ 요약하기** | P : 나의 주장 | |
| | R1 : 이유 | |
| | E1 : 사례 | |
| | R2 : 이유 | |
| | E2 : 사례 | |
| | P′ : 결론 | |
| **프렙 독서토론 글 완성하기** | | |

PR EP

**하루 30분,**
**프렙으로 완성하는 초등 글쓰기**

**초판 1쇄 발행** 2021년 4월 15일

**지은이** 이정균 강경순 정인순 오윤순 김유라
**펴낸곳** 글라이더 **펴낸이** 박정화
**편집** 정안나 **디자인** 김민영 **마케팅** 임호

**등록** 2012년 3월 28일(제2012-000066호)
**주소** 경기도 고양시 덕양구 화중로 130번길 14(아성프라자 6층)
**전화** 070)4685-5799 **팩스** 0303)0949-5799 **전자우편** gliderbooks@hanmail.net
**블로그** http://gliderbook.blog.me
ISBN 979-11-7041-068-3 03370



글라이더는 독자 여러분의 참신한 아이디어와 원고를 설레는 마음으로 기다리고 있습니다.
gliderbooks@hanmail.net 으로 기획의도와 개요를 보내 주세요. 꿈은 이루어집니다.